CB070270

Ervas e Especiarias

Rita Lobo

Ervas e Especiarias

Como deixar a comida mais saborosa

Senac
Editora Panelinha

Copyright © by Rita Lobo, 2024

Grafia atualizada segundo o Acordo Ortográfico da Língua Portuguesa de 1990, que entrou em vigor no Brasil em 2009.

PUBLISHER
Rita Lobo

DIRETOR
Ilan Kow

COORDENAÇÃO EDITORIAL
Victoria Bessell de Jorge

PROJETO GRÁFICO E DIAGRAMAÇÃO
Tereza Bettinardi

EDIÇÃO DE TEXTO
Milene Chaves

REVISÃO
Célia Regina Arruda, Caique Zen Osaka

INDEXAÇÃO
Maria Claudia Carvalho Mattos

CHEF DE COZINHA
Carolina Stamillo

FOODSTYLISTS
Gabriela Funatsu, Priscila Mendes

FOTOS
Erika Mayumi, Gilberto Oliveira Jr., Guillermo White

TRATAMENTO DE IMAGEM
Erika Mayumi

Dados Internacionais de Catalogação na Publicação (CIP)
(Simone M. P. Vieira - CRB 8ª/4771)

Lobo, Rita
Ervas e especiarias : como deixar a comida mais saborosa / Rita Lobo. – São Paulo : Editora Senac São Paulo, 2024

ISBN 978-85-396-4377-6 (Impresso/2024)

1. Ervas e especiarias – Culinária 2. Receitas I. Título.

24-2232s CDD – 641.3383 / 641.6383
BISAC CKB040000 / CKB101000

Índice para catálogo sistemático:
Ervas e especiarias 641.3383
Ervas e especiarias - Culinária 641.6383

Todos os direitos reservados à
EDITORA PANELINHA
Al. Lorena, 1304, cj. 1307
CEP 01424-000 – São Paulo – SP
www.panelinha.com.br
panelinha@panelinha.com.br

ADMINISTRAÇÃO REGIONAL DO SENAC NO ESTADO DE SÃO PAULO

PRESIDENTE DO CONSELHO REGIONAL
Abram Szajman

DIRETOR DO DEPARTAMENTO REGIONAL
Luiz Francisco de A. Salgado

SUPERINTENDENTE UNIVERSITÁRIO E DE DESENVOLVIMENTO
Luiz Carlos Dourado

EDITORA SENAC SÃO PAULO

CONSELHO EDITORIAL
Luiz Francisco de A. Salgado
Luiz Carlos Dourado
Darcio Sayad Maia
Lucila Mara Sbrana Sciotti
Luís Américo Tousi Botelho

GERENTE/PUBLISHER
Luís Américo Tousi Botelho

COORDENAÇÃO EDITORIAL
Verônica Pirani de Oliveira

PROSPECÇÃO
Andreza Fernandes dos Passos de Paula
Dolores Crisci Manzano
Paloma Marques Santos

ADMINISTRATIVO
Marina P. Alves

COMERCIAL
Aldair Novais Pereira

COMUNICAÇÃO E EVENTOS
Tania Mayumi Doyama Natal

COORDENAÇÃO DE ARTE
Antonio Carlos De Angelis

COORDENAÇÃO DE REVISÃO DE TEXTO
Marcelo Nardeli

IMPRESSÃO E ACABAMENTO
Maistype

Proibida a reprodução sem autorização expressa.
Todos os direitos desta edição licenciados à
EDITORA SENAC SÃO PAULO
Av. Engenheiro Eusébio Stevaux, 823 –
Prédio Editora
Jurubatuba – CEP 04696-000 – São Paulo – SP
Tel. (11) 2187 4450
editora@sp.senac.br
https://www.editorasenacsp.com.br

© Editora Senac São Paulo, 2024

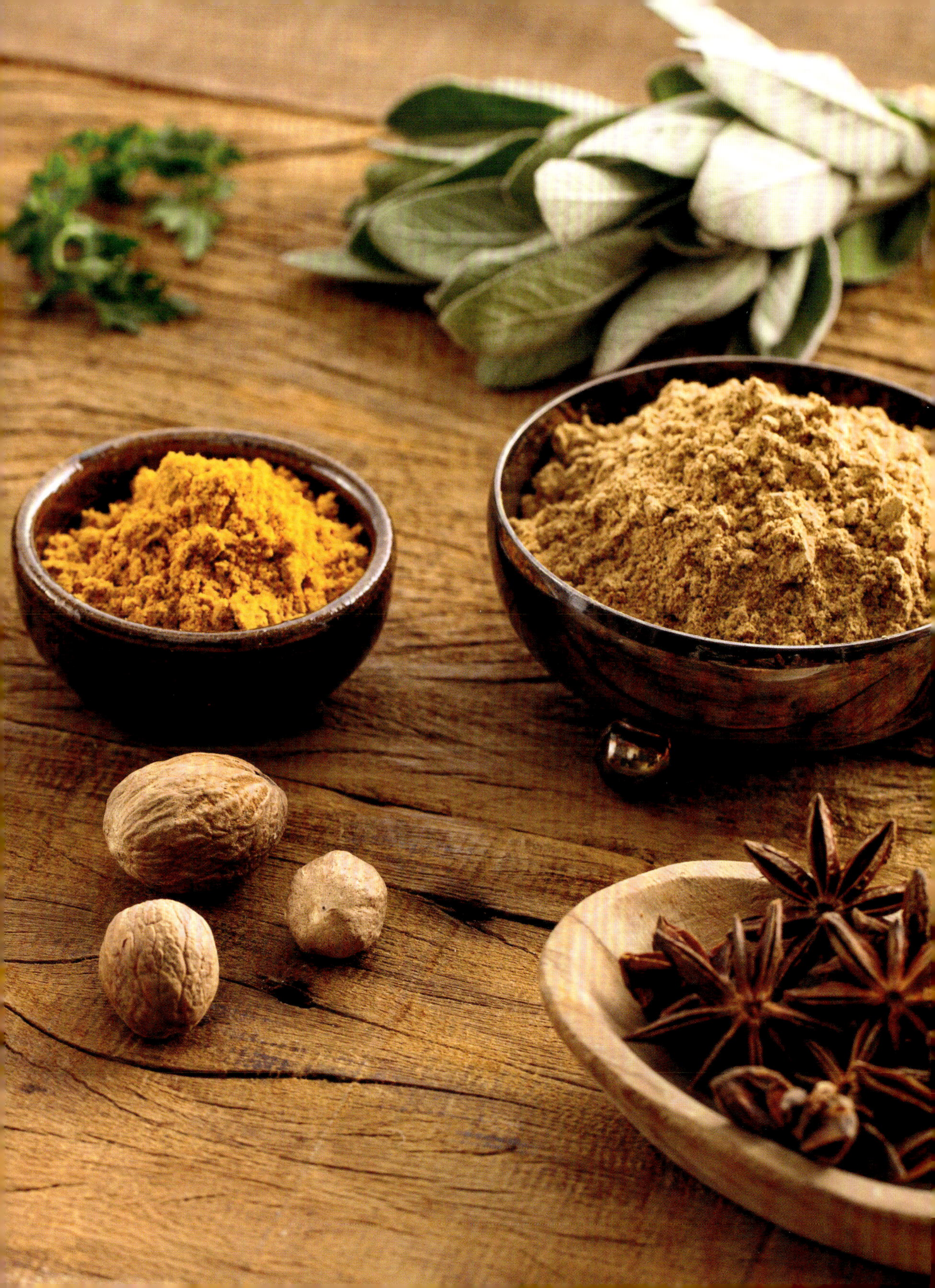

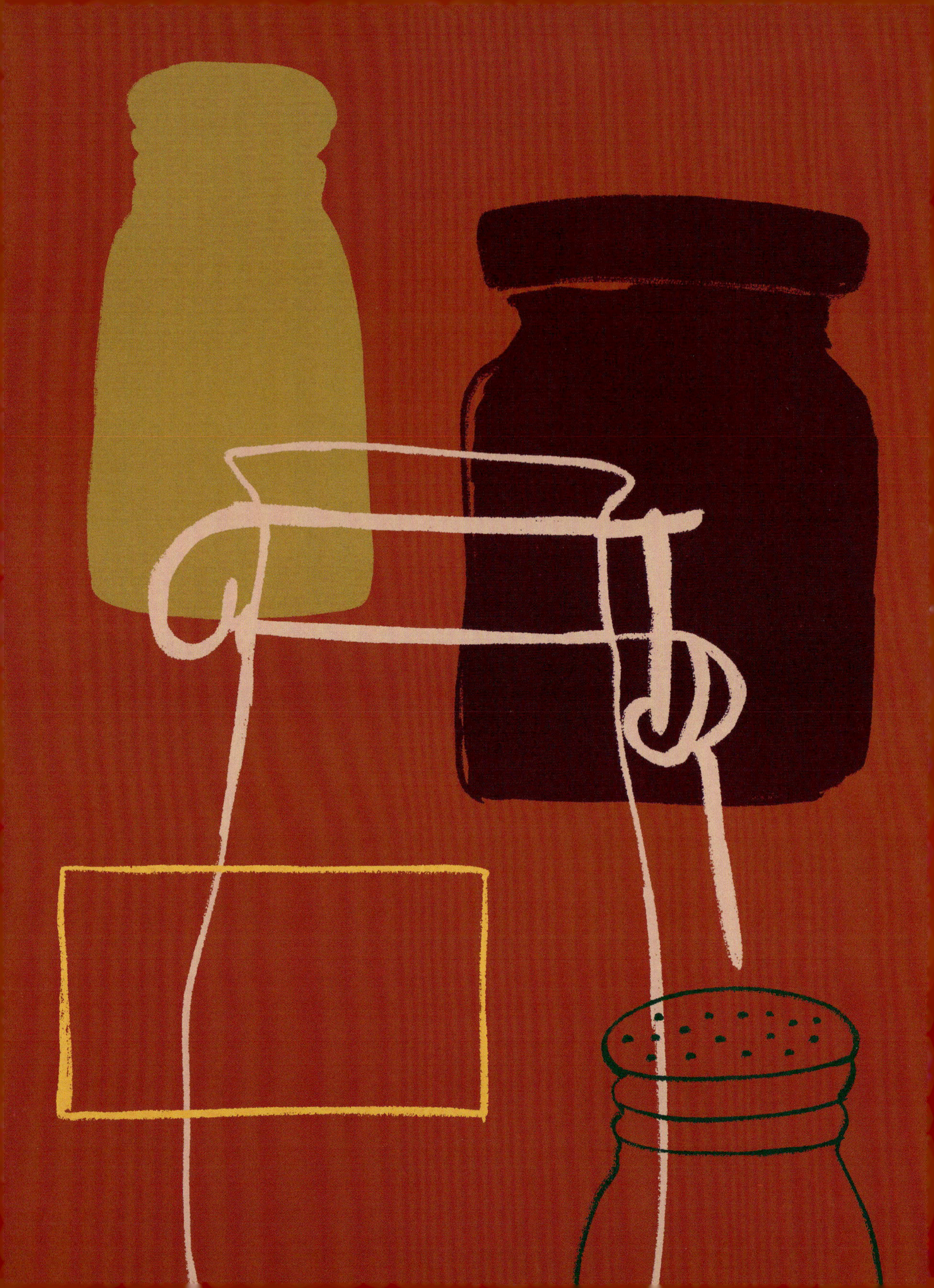

9 **Apresentação**

1

12 **Quem tem ervas e especiarias não precisa de tempero pronto**

14 Quem é quem na fileira dos temperos?
15 Tempero caseiro × tempero industrializado
16 Fuja dos temperos prontos ultraprocessados
17 Uma (importante) questão de processamento
21 Saber cozinhar pode ser revolucionário
24 *Yes*, nós temos dieta brasileira

2

28 **Tudo o que você sempre quis saber sobre ervas**

30 Ervas: no prato ou na panela?
32 O manual das ervas
49 Como higienizar e armazenar
52 Receitas

3

78 **Uma viagem pelos sabores das especiarias**

82 Cada especiaria uma sensação
84 O manual das especiarias
103 Coisas do Brasil
106 Aromas bem guardados
108 Receitas

4

134 **Vai começar a brincadeira**

136 Como temperar a comida
139 Como usar o sal
141 Técnica: marinada
145 Técnica: salmoura
149 Técnica: refogado
153 Sinal verde para os temperos prontos

156 **ÍNDICE DE RECEITAS**
158 **ÍNDICE REMISSIVO**

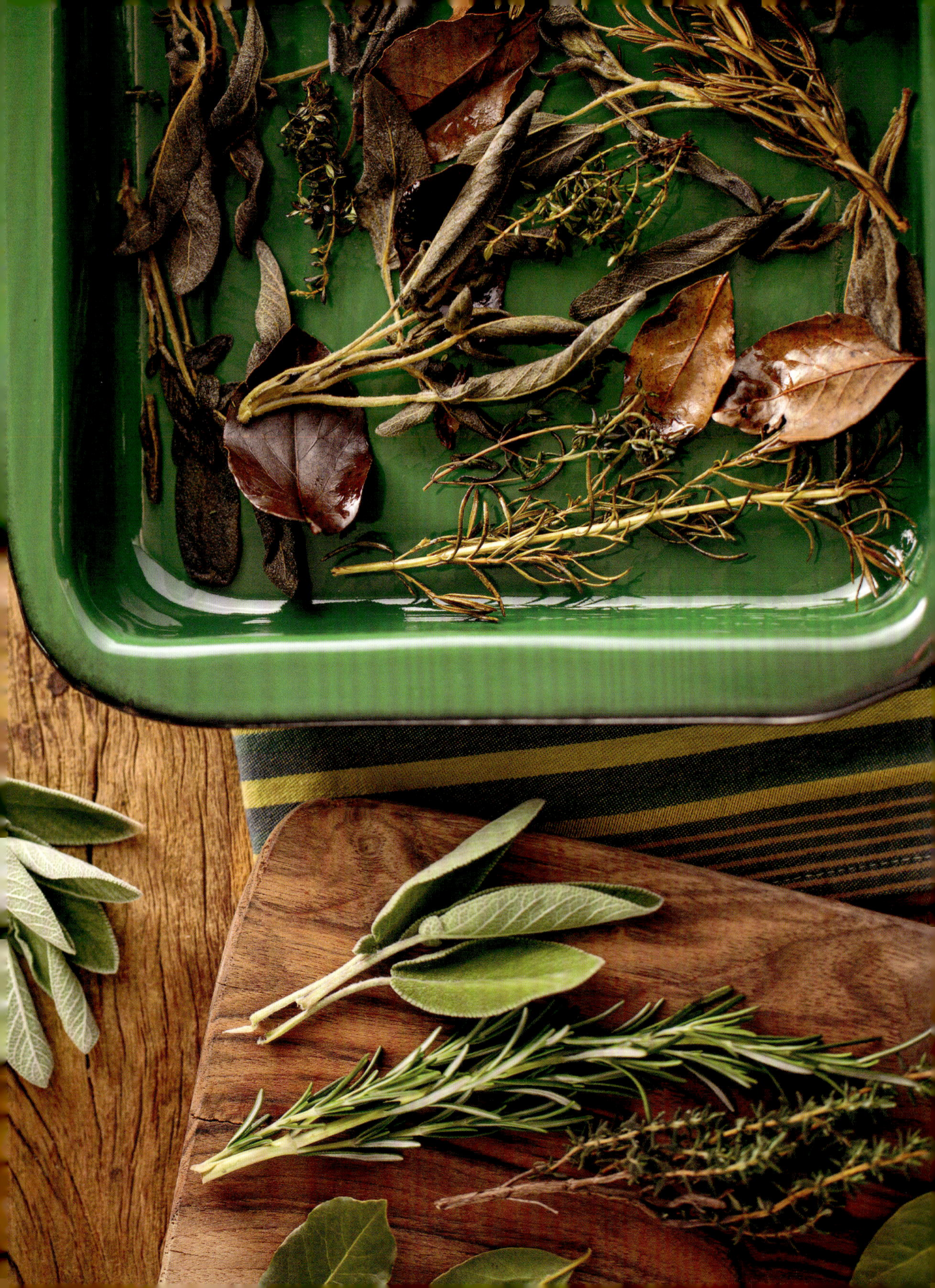

Apresentação

O curso on-line Aprenda a Temperar com Ervas e Especiarias entrou no ar em 2020 e foi um sucesso. Começo assim, contando logo que foi um sucesso, porque isso fez acender em mim uma luzinha — aquela luz de alerta e também de ideia nova, sabe como é? Ora, se tanta gente está precisando aprender a temperar, temos aí mais uma oportunidade de ensinar e de fazer a alimentação saudável chegar a mais pessoas, usando este suporte que é também a minha paixão: o livro. Enquanto este é o meu 13º livro, o curso foi o primeiro a ser lançado pela Escola Panelinha, uma plataforma de ensino a distância em parceria com o Senac. O curso é estruturado em quatro módulos, todos com videoaulas, infográficos, glossários, outros conteúdos em texto, atividades interativas e, claro, receitas. Este livro também tem quatro capítulos, mas não é a transcrição do curso. A construção do conhecimento, aqui, é um pouco diferente; é isso que vou introduzir a seguir.

Antes, porém, vale contar por que escolhemos esse tema para o primeiro curso. Os temperos prontos, industrializados, são a porta de entrada para um tipo de alimento que, comprovadamente, vicia o paladar, tira a autonomia e, principalmente, piora a saúde. São os alimentos ultraprocessados. Há centenas de estudos científicos que relacionam o consumo desse tipo de produto ao aumento da obesidade e de doenças crônicas não transmissíveis, como diabetes e cardiopatias. Mas isso é só uma parte. Hoje, já está comprovada a relação do consumo de ultraprocessados com depressão e alguns tipos de câncer. É um assunto seriíssimo. E urgente. Esses produtos são formulações industriais cheias de aditivos químicos e excesso de sal, açúcar e gordura.

Podemos dizer que eles estão envolvidos em uma série de transgressões, porque começam estragando e viciando o paladar. Depois, fazem a comida de casa parecer sem graça e desregulam a saciedade — não é à toa que a propaganda dizia que é impossível comer um só. Os ultraprocessados fazem você comer mais, muito mais do que precisa. E seus fabricantes comunicam de maneira subliminar que cozinhar é muito complicado. (Não é.) De repente, parece que as ervas frescas e as especiarias, que fazem um trabalho inigualável na culinária, foram se tornando ilustres desconhecidas.

As ervas e as especiarias são armas poderosas contra os tabletes, cubinhos e sachês ultraprocessados. E vai ser um prazer apresentá-las, ou reapresentá-las, a você. É isso que está à sua espera nos capítulos 2 e 3.

Antes, no primeiro capítulo, vamos falar de alimentação saudável de verdade, um assunto de saúde urgente. Você vai conhecer a classificação Nova, que divide os alimentos em quatro grupos, dependendo do grau e propósito de processamento — vai entender de uma maneira simples por que comer comida feita na cozinha de casa é melhor, até do ponto de vista da saúde.

Em 2024, a versão revisada do *Guia alimentar para a população brasileira*, que introduz a classificação Nova, completou dez anos de publicação oficial. Essa data ficou na minha memória porque 2014 foi o ano em que tudo mudou. Eu já tinha uma ideia intuitiva de que a comida caseira era mais saudável. Conta o fato de eu ter crescido em uma casa onde havia comida feita com cuidado, baseada em alimentos naturais e bem variada. Ou seja, eu já tinha esse repertório. Mas, quando li as explicações do professor Carlos Augusto Monteiro, mentor desse documento oficial brasileiro que é referência internacional, foi como se as últimas peças de um quebra-cabeça se encaixassem, ou, ainda melhor, foi como encontrar a saída de um labirinto. A alimentação, agora na minha própria casa, também era variada e saudável. Mas é claro que eu ainda ficava em dúvida quando via no mercado um produto jurando de pés juntos que era saudável, integral, orgânico e pronto para consumo. É muito sedutor! No entanto, quando você aprende a diferenciar comida de verdade dos ultraprocessados, fica muito mais fácil manter uma alimentação realmente saudável. Banir produtos ultraprocessados da despensa foi apenas o início da transformação, que é possível, acessível e, eu diria, inevitável a todos que entram em contato com esse conhecimento.

Aprender sobre a alimentação saudável de verdade é revolucionário. A gente muda o jeito de pensar a compra do mercado, o modo de preparar o alimento e daqui a pouco já chama a amiga de lado e lança aquele famoso "cê tá sabendo?". Então quer contar tudo para ela, que acha que o purê de batata vendido em saquinho é "prático", ou para a tia que ainda usa sopa de cebola para temperar comida (!), para o cunhado que se gaba de cozinhar como um chef profissional, mas não sabe que aquele tablete de "caldo de carne" na verdade é um recurso ultrapassado e, principalmente, prejudicial à saúde.

Depois dessa imersão, vamos mergulhar no mundo das ervas e das especiarias — seus usos, origens, combinações de sabor, conservação. Esses são os capítulos aos quais você pode e deve voltar sempre que for preciso, porque funcionam como um catálogo de consultas. Assim: "Comprei essa canela aqui, o que posso preparar com ela além de arroz-doce?". Dá uma chegadinha agora mesmo no item canela, na página 87, para ver as possibilidades (spoiler: canela vai no frango!). Além do manual de uso desses temperos, há uma série de receitas ao longo de todo o livro. Teste e comprove: ervas e especiarias são tudo de que você precisa para fazer a comida caseira ficar 100% saborosa e nutritiva.

Por fim, no último capítulo, vamos dar uma olhada num conteúdo que não pode ficar de fora: as técnicas auxiliares para temperar. Você vai ver que é possível adicionar sabor a uma peça de carne tão grande quanto um pernil, ou um frango inteiro, com temperos naturais. As carnes vão para a mesa deliciosas e suculentas graças a técnicas como a marinada e, claro, às ervas e especiarias. E dá-lhe receita! Ao todo, no livro, são mais de 40 ideias para inspirar você. Mas eu gostaria muito que você também fizesse o contrário: experimentasse preparar as receitas de sempre agora usando e abusando das ervas e especiarias.

Ah, só mais uma coisa sobre os ultraprocessados que está errada. (Sim, eu falo disso o tempo todo). Eles costumam roubar a cota de sal diária da alimentação e, com isso, todo mundo fica com medo de temperar com sal a comida na panela. Quem paga o pato é a comida caseira, que vai ficando cada vez mais sem graça. Aqui você vai descobrir que, sim, pode usar sal. Tem que usar um pouco de sal. Mas vai aprender como fazer isso corretamente.

Espero que você também transforme a sua alimentação ao fim deste livro — ou logo ao fim do primeiro capítulo. Eu, claro, torço para que aconteça o mais rápido possível. Quanto mais gente descobrir que alimentação saudável não tem a ver com dietas da moda, melhor. Bem melhor.

É hora de fazer as pazes com a comida de verdade, que é saudável e muito saborosa.

Aprender sobre a alimentação saudável de verdade é revolucionário.

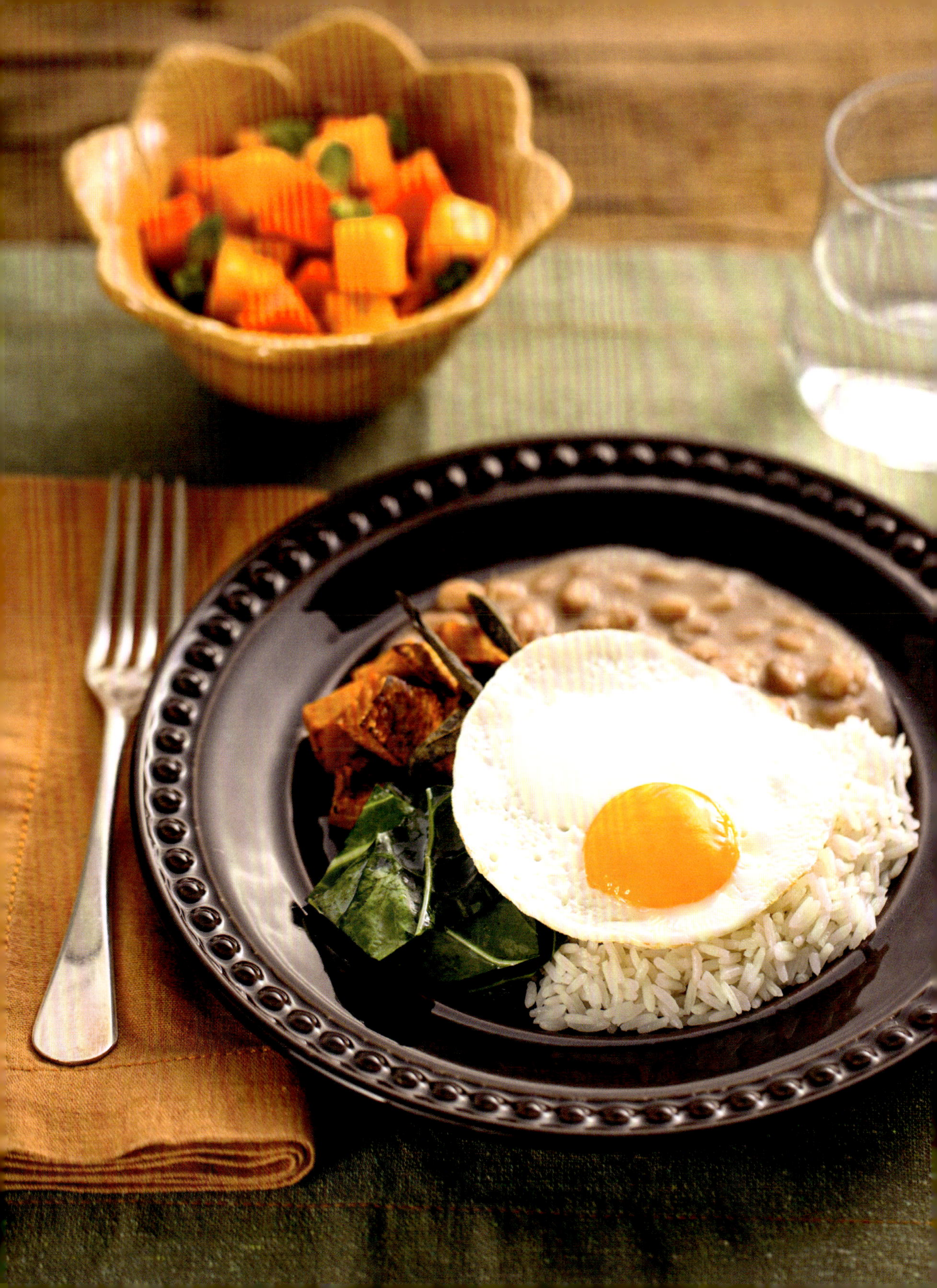

1: Quem tem ervas e especiarias não precisa de tempero pronto

Comida tem que ser saborosa — só não vale usar ultraprocessados!

Pique uma cebola, amasse uns dentes de alho, vai um fio de azeite na panela e pronto: temos os ingredientes de um refogado básico. Ele tempera o nosso arroz soltinho, o feijão, as carnes ensopadas, as sopas, até o risoto. Mas acrescente louro, pimenta-do-reino, uma pitada de cominho ou páprica no feijão, salsinha para finalizar as carnes... Que felicidade! Ervas e especiarias potencializam os sabores dos alimentos e dão personalidade às preparações de um jeito natural. A comida brilha, a saúde agradece. E olha que isso é só o começo.

Uma pitada de noz-moscada no purê de batata, outra de canela na carne moída, sálvia fresca para a abóbora assada. Isso sem falar nas possibilidades de combinação que, como você vai aprender neste livro, são inúmeras. Além de mais saborosa, a alimentação fica mais saudável, porque ervas e especiarias são temperos que vêm da natureza. Elas são ricas em sabor e também em nutrientes. Isso é muito diferente dos temperos prontos ultraprocessados, como caldos em cubinhos, tabletes e sachês, que são formulações industriais, cheias de aditivos químicos para imitar o sabor dos alimentos de verdade. Esses produtos são desbalanceados nutricionalmente, porque contêm sal, açúcar e gordura em excesso. E mais: eles viciam o paladar e tiram a autonomia do cozinheiro. Não é à toa que há tanta gente que não consegue cozinhar sem tempero pronto. O problema é que alimentos ultraprocessados são sinônimo de produtos prejudiciais à saúde.

Alimentos ultraprocessados viciam o paladar e tiram a autonomia na cozinha.

Com as instruções dos próximos capítulos, você vai aprender a deixar a comida de casa mais saborosa, mais saudável e mais variada, usando ervas e especiarias. Antes, porém, vamos fazer uma espécie de revisão dos seus conceitos de alimentação saudável. Topa? Vale lembrar que este livro nasceu de um curso: o conteúdo foi estruturado para que, de pitada em pitada, você transforme o seu jeito de cozinhar e melhore a sua alimentação.

Vamos começar investigando a classificação dos alimentos por grau de processamento e também os grupos alimentares que devem fazer parte das nossas refeições principais. Mas calma! Tudo em seu tempo. Agora, de supetão, você responde mentalmente: sabe o que são ervas, especiarias e legumes aromáticos?

QUEM É QUEM NA FILEIRA DOS TEMPEROS?

Reconhecer e nomear os diferentes tipos de tempero é um bom começo para esse caminho que vamos trilhar juntos em direção a uma mesa bem variada e saborosa. E ainda livra você de pegadinhas! Você vai conseguir diferenciar um tempero pronto natural de um ultraprocessado.

ESPECIARIAS

Especiarias são sementes, raízes, flores e até cascas de árvores que acrescentam sabor, aroma e cor às preparações. É também o nome de legumes secos e moídos, como o pimentão que vira páprica. Há ainda as combinações de especiarias, tão clássicas que já são comercializadas pelo próprio nome, como o zátar (um tempero árabe), o ras el hanout (um tempero marroquino) e o curry, tempero indiano que mistura cúrcuma, gengibre em pó, noz-moscada, cardamomo, cravo, entre outros. São temperos prontos, mas na composição deles não tem sal nem açúcar, muito menos aditivos químicos. Percebe a diferença deles para um ultraprocessado? As especiarias foram classificadas como quentes, cítricas, terrosas e florais/frutadas. A divisão foi feita de acordo com a característica mais marcante de cada uma delas. Você vai notar, no entanto, que uma mesma especiaria é capaz de despertar diferentes sensações. A noz-moscada, por exemplo, é predominantemente quente, mas também tem uma nota cítrica. É por isso que esses temperos são tão fascinantes.

ERVAS

Ervas são folhas aromáticas, que podem ser acrescentadas no início ou no fim das preparações. Em geral, as frescas são mais saborosas. Na cozinha, podemos dividi-las em duas categorias: as que gostam de calor, ótimas para serem usadas durante o cozimento do alimento — a exemplo do alecrim, da sálvia, do louro e do tomilho —, e as que não gostam de calor, perfeitas para finalizar os pratos — como a salsinha, o coentro e o manjericão. As ervas amigas do calor são aquelas que ficam melhores depois de submetidas a algum método de cozimento, seja no forno, seja no fogão. Elas, inclusive, não costumam ser consumidas cruas. Mas são perfeitas para refogar, assar e dar sabor a caldos, sopas e ensopados, entre outros preparos.

LEGUMES AROMÁTICOS

Cebola, alho e salsão são exemplos de legumes que vão para a panela para ajudar a construir sabor. Tradicionalmente, são usados em refogados e caldos que são base para outras preparações. No Brasil, se faltar alho ou cebola, muita gente não consegue nem começar a cozinhar. Os dois ingredientes são os legumes aromáticos mais conhecidos da nossa cozinha: formam aquele refogado básico indispensável para o arroz, o feijão e outras tantas preparações. Na Espanha, é o pimentão que vai no refogado do dia a dia. Na França, a combinação de salsão, cenoura e cebola, usada para dar sabor às preparações, tem até nome: *mirepoix* (pronuncia-se mirr'poá). Nas preparações orientais, é comum o uso do gengibre.

Não é tempero

Atenção para os principais itens que parecem tempero, dizem que são tempero, mas que são apenas imitação de tempero do ponto de vista nutricional (e não são saudáveis). Como eles, há muitos, com diferentes nomes e promessas. As embalagens saltam aos olhos na gôndola do mercado, e seus rótulos podem até apelar para o famoso truque "receita caseira". A verdade reside no item "Ingredientes", que fica no verso. Viu quantos aditivos químicos esses produtos levam? Sal, açúcar, gordura, aromatizantes e realçadores de sabor entregam: são composições industriais ultraprocessadas, que pioram a qualidade e o sabor da comida de casa. Outra pista, no rótulo, é a frase "com sabor idêntico...". Ora, se o sabor é idêntico ao da cebola, significa que ali não tem cebola. Para quem aprende a temperar usando ervas e especiarias naturais, essas embalagens não têm lugar na cozinha.

- ➡ Caldo de carne em tablete
- ➡ Caldo de galinha em tablete
- ➡ Caldo de legumes em tablete
- ➡ Glutamato monossódico
- ➡ Molho pronto para salada
- ➡ Sachê de tempero pronto para massas, molhos e arroz
- ➡ Sopa/creme de cebola em pó
- ➡ Tempero de alho e sal industrializado
- ➡ Tempero em pó para carnes industrializado
- ➡ Tempero em pó para aves industrializado
- ➡ Tempero em pó para legumes industrializado

Temperos prontos confundem os mecanismos de saciedade do cérebro e levam ao consumo exagerado.

TEMPERO CASEIRO × TEMPERO INDUSTRIALIZADO
Quem sabe mais faz melhores escolhas.

Todos os dias me marcam nas redes sociais em alguma postagem de gente colocando cubinhos e sachês em todo tipo de preparação. Até na salada! Nos comentários, chovem frases como "amor e sódio", "só de olhar já tô com diabetes", "sei o signo: de câncer!", "tantos conflitos nas navegações por especiarias e você aí usando esse tanto de tempero pronto". Ou, ainda, "Rita Lobo deve estar infartando". Claro que acho graça, mas também fico, sinceramente, angustiada. A pessoa se deu ao trabalho de lavar e cortar os alimentos, refogar a abobrinha, cozinhar arroz, feijão, uma carne ensopada, tudo certinho, menos o jeito de temperar. Ela *ultraprocessou* a comida caseira! Fico com pena, mesmo.

Por um lado, vejo a força da nossa alimentação tradicional, baseada no arroz com feijão — ela continua estimulando os brasileiros a cozinhar e nos protege dos nuggets e lasanhas congeladas. Por outro, enxergo o poder do marketing da indústria de ultraprocessados, e não só porque tanta gente usa tempero pronto. É que, no modo tradicional, não se cozinha feijão com caldo caseiro. O caldo caseiro, que pode ser de carnes ou legumes, serve de base para outras preparações — sopas e risotos, por exemplo. Por esse motivo, não faz sentido usar caldo industrializado no feijão. Percebe a genialidade do marketing? Só que, além de estragar o paladar e a saúde, o uso desse tipo de produto afeta o entendimento sobre temperar a comida — e sobre alimentação em geral.

Não é à toa que a confusão sobre temperos é tão generalizada. Na minha experiência, quando a pessoa se dá conta de que esses produtos são ultraprocessados, a pergunta que surge na cabeça é: *mas como é que faz para deixar a comida gostosa sem tempero pronto?* A resposta direta e reta é: com ervas e especiarias. E, claro, legumes aromáticos e técnicas culinárias. Tudo o que vamos destrinchar neste livro.

FUJA DOS TEMPEROS PRONTOS ULTRAPROCESSADOS

A questão dos temperos prontos não é simples. Mas, página a página, vamos desconstruir a ideia da praticidade e do sabor. A seguir, os motivos para tirá-los da cozinha o quanto antes.

CAUSAM DEPENDÊNCIA

Alimentos ultraprocessados, como temperos prontos, são hiperpalatáveis, isto é, são super-saborosos. Parece uma coisa boa, mas a hiperpalatabilidade significa que o produto tem altas quantidades de gordura, de sal ou de açúcar, além de aditivos químicos. Esses produtos deixam o paladar mal-acostumado e induzem a uma relação de dependência.

TIRAM A AUTONOMIA

Não é raro uma pessoa se acostumar ao uso de temperos prontos industrializados e achar que não consegue mais cozinhar sem eles. Se não juntar um sachê ou cubinho, parece que ficará faltando alguma coisa. Cuidado! O passo seguinte é trocar o molho de tomate caseiro pela versão industrializada e ainda achar uma delícia.

CARREGAM NO SAL

De acordo com a Organização Mundial da Saúde (OMS), o consumo de sódio não deve ultrapassar 2.000 mg por dia (ou 5 g/dia de sal). Um único cubinho de caldo pronto contém essa quantidade inteira! Os produtos ultraprocessados, inclusive doces, costumam conter sal. O brasileiro consome, em média, 9,34 gramas de sal diariamente*; quase o dobro da recomendação da OMS. A maneira mais eficiente de dosar o sódio na alimentação é excluir os ultraprocessados e consumir comida caseira.
E mais: com o uso de temperos naturais, as preparações requerem menos sal, ingrediente que muitas vezes é adicionado em excesso para compensar a falta de sabor da comida.

DEIXAM TUDO COM O MESMO SABOR

Quem usa tempero pronto industrializado perde a oportunidade de variar o sabor das preparações. Num dia, o refogado do feijão pode ganhar uma cebola, alho e páprica; no outro, cebola, cenoura e gengibre.

CONTÊM ADITIVOS QUÍMICOS

Além dos aditivos usados para enganar o olfato (aromatizantes), o paladar (saborizantes) e até a visão (corantes), os produtos ultraprocessados costumam receber conservantes para aumentar o prazo de validade. Ser perecível é uma característica da comida de verdade.

* Informação da Pesquisa Nacional de Saúde, divulgada pela Fundação Oswaldo Cruz em novembro de 2019.

Uma (importante) questão de processamento

Aprender sobre alimentação saudável é um caminho sem volta. Ainda bem!

Você já sabe que o meu trabalho é trazer você para a cozinha, certo? Ensino quem quiser aprender a cozinhar com as minhas receitas que funcionam, e também faço o que posso para que todo mundo consiga diferenciar a comida de verdade dos ultraprocessados. Conhecer a classificação Nova, que divide os alimentos por grau e propósito de processamento, é fundamental para que você faça melhores escolhas alimentares, principalmente na hora das compras no supermercado! Essa classificação foi criada pelo Núcleo de Pesquisas Epidemiológicas em Nutrição e Saúde da Universidade de São Paulo — ali foi cunhado o termo ultraprocessado, que hoje é usado em todo o mundo, sempre com a recomendação de que esse tipo de produto seja evitado.

Um tempero nada bom

Anota aí a receita deste temperinho: maltodextrina, carne de frango desidratada, realçadores de sabor glutamato monossódico e inosinato dissódico, aromatizantes, antiumectantes fosfato tricálcico e sílica, corante caramelo IV. Esses são alguns dos ingredientes de um cubinho de caldo de galinha.
Muita gente comenta que não consegue excluir os temperos prontos da cozinha, porque, sem eles, o sabor da comida não fica igual. E é verdade, não fica mesmo! Pois na cozinha de casa não se usam aditivos químicos, nem essa quantidade excessiva de sal e açúcar. Note que maltodextrina é um açúcar e aparece em primeiro lugar na lista. Isso significa que esse cubinho tem mais açúcar do que outros ingredientes da composição. Não é à toa que as pessoas têm dificuldade de parar de usar: eles viciam, mesmo. É detox já!

A CLASSIFICAÇÃO NOVA

GRUPO 1
IN NATURA OU MINIMAMENTE PROCESSADOS

Alimentos *in natura* são obtidos diretamente de plantas ou de animais e não sofrem nenhuma alteração após deixar a natureza. Já os minimamente processados são alimentos *in natura* submetidos a processos de limpeza, remoção de partes não comestíveis ou indesejáveis, fracionamento, moagem, secagem, fermentação, pasteurização, refrigeração, congelamento e processos similares que não envolvam adição de sal, açúcar, óleos, gorduras ou outras substâncias ao alimento original.

EXEMPLOS: legumes, verduras, frutas, batata, mandioca e outras raízes e tubérculos *in natura* ou embalados, fracionados, refrigerados ou congelados; arroz branco, integral ou parboilizado, a granel ou embalado; milho em grão ou na espiga, grãos de trigo e de outros cereais, como aveia e cevadinha; feijão de todas as cores, lentilhas, grão-de-bico e outras leguminosas; cogumelos frescos ou secos; frutas frescas ou secas, sucos de frutas e sucos de frutas pasteurizados e sem adição de açúcar ou outras substâncias; castanhas, nozes, amendoim e outras oleaginosas sem sal ou açúcar, inteiras, picadas e na versão farinha; cravo, canela, especiarias em geral e ervas frescas ou secas; farinhas de mandioca (beiju, polvilho etc.), de milho, de arroz ou de trigo; macarrão ou massas frescas ou secas feitas com essas farinhas e água; carnes de gado, de porco e de aves e pescados frescos, resfriados ou congelados; leite pasteurizado, ultrapasteurizado ("longa vida") ou em pó, iogurte (não adoçado); ovos; chá, café e água potável. É simples: quando você compra berinjela, cenoura, manga, os alimentos são *in natura*, como saíram da natureza; o feijão ou o arroz até passam por algum tipo de processamento, mas não são adicionados outros ingredientes. Por isso, são "minimamente processados". Na embalagem do feijão não tem lista de ingredientes, porque ali dentro só tem... feijão! O mesmo vale para farinhas e outros grãos. Esses alimentos devem ser a base da nossa alimentação.

GRUPO 2
ÓLEOS, GORDURAS, SAL E AÇÚCAR

São produtos extraídos de alimentos *in natura* ou da natureza por processos como prensagem, moagem, trituração, pulverização e refino. São usados na cozinha das casas e em refeitórios e restaurantes para temperar e cozinhar alimentos.

EXEMPLOS: óleos de soja, de milho, de girassol ou de oliva; manteiga, banha de porco, gordura de coco; açúcar de mesa branco, demerara ou mascavo; sal de cozinha refinado ou grosso. Do ponto de vista culinário, são importantíssimos para transformar os alimentos do grupo 1 em comida gostosa. Mas não devem ser usados em excesso. Atenção: temperos prontos, como caldo em cubinho ou realçadores de sabor, não entram neste grupo.

GRUPO 3
PROCESSADOS

Alimentos processados são fabricados pela indústria com adição de sal ou açúcar ou outra substância de uso culinário para tornar os alimentos *in natura* mais duráveis. São reconhecidos como versões dos alimentos originais e derivados diretamente deles. Em geral, são consumidos como parte ou acompanhamento de preparações culinárias feitas com alimentos minimamente processados.

EXEMPLOS: conservas de cenoura, pepino, ervilhas, palmito, cebola, couve-flor (preservados em salmoura ou em solução de sal e vinagre); extrato ou concentrados de tomate (com sal e/ou açúcar); frutas em calda, frutas cristalizadas e geleias (feitas de frutas); carne-seca e toucinho; sardinha e atum enlatados; queijos; pães feitos de farinha de trigo, leveduras, água e sal. O Guia nos orienta a limitar o consumo desses alimentos a pequenas quantidades, como ingredientes de preparações culinárias ou acompanhamento das refeições. Ou seja, não é para viver de queijo quente! O alimento processado mantém a identidade básica e a maioria dos nutrientes do alimento original, mas a quantidade de sal ou açúcar, em geral, é muito maior do que a usada em preparações culinárias.

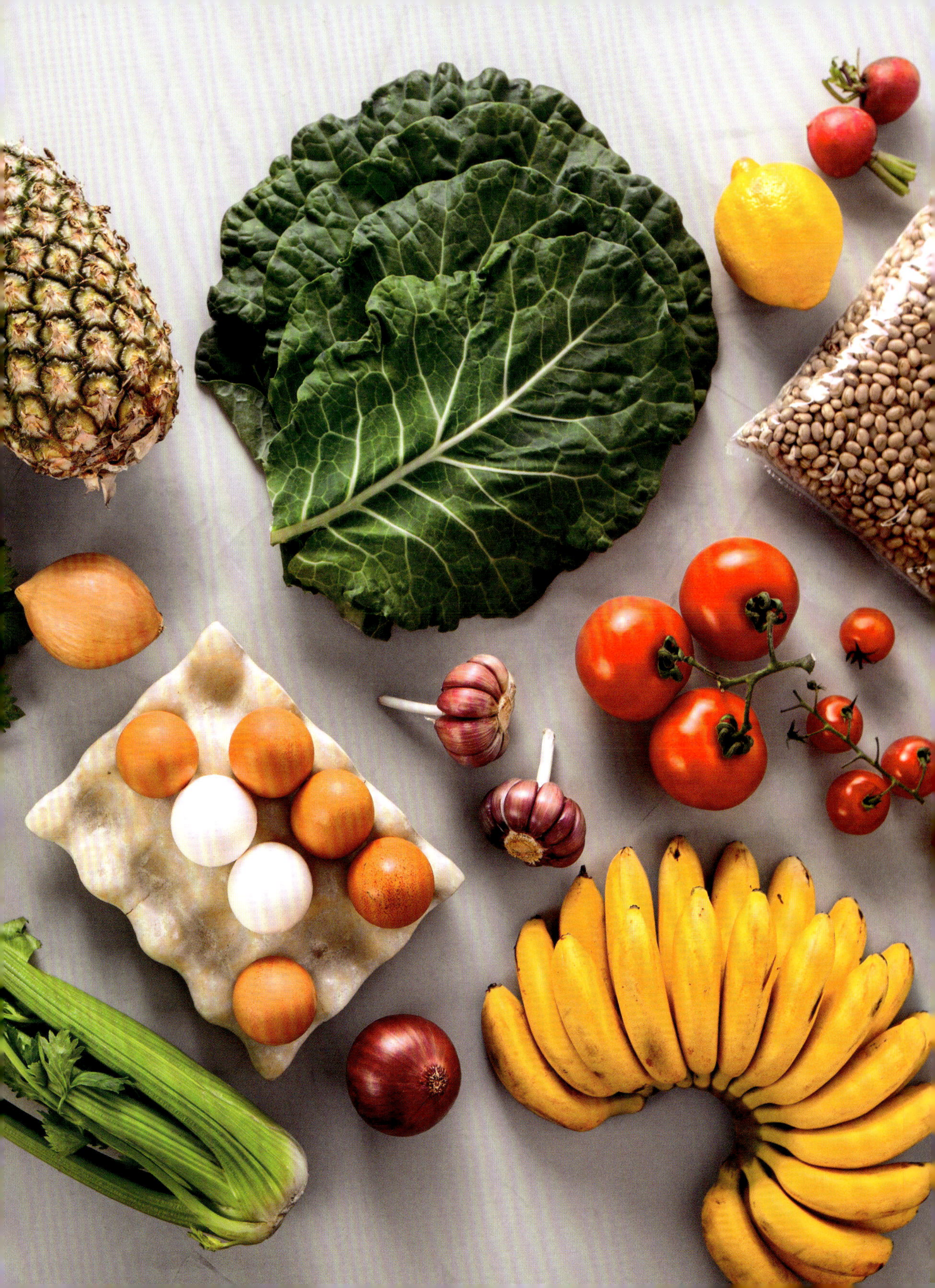

GRUPO 4
ULTRAPROCESSADOS

Alimentos ultraprocessados são produzidos e temperados na fábrica, usando substâncias extraídas de alimentos (óleos, gorduras, açúcar, amido, proteínas), derivadas de constituintes de alimentos (gorduras hidrogenadas, amido modificado) ou sintetizadas em laboratório com base em fontes como petróleo e carvão (corantes, aromatizantes, realçadores de sabor) — mas contendo proporção reduzida de alimentos *in natura* ou minimamente processados. Tendem a ser consumidos em excesso e a substituir a comida de verdade.

EXEMPLOS: vários tipos de biscoitos, sorvetes, balas e guloseimas; cereais matinais açucarados; bolos e misturas para bolo; barras de cereal; sopas, macarrão e temperos "instantâneos"; molhos prontos para uso; salgadinhos de pacote; refrescos e refrigerantes; iogurtes e bebidas lácteas adoçados e aromatizados; bebidas energéticas; produtos congelados e prontos para aquecimento como massas, pizzas, hambúrgueres e extratos de carne de frango ou peixe empanados do tipo nuggets; salsichas e outros embutidos; pães de fôrma, de hambúrguer ou de hot dog, pães doces e produtos panificados cujos ingredientes incluem, além de água, farinha e levedura, substâncias como gordura vegetal hidrogenada, açúcar, amido, soro de leite, emulsificantes e outros aditivos.

Diferenciar comida de verdade de imitação de comida é o primeiro passo para fazer melhores escolhas.

Não confunda ultraprocessado com industrializado

Nem tudo o que é industrializado é ultraprocessado. O arroz, por exemplo, é industrializado, mas ele é apenas descascado e limpo, para então ser ensacado. O mesmo acontece com o tomate pelado enlatado — na embalagem há tomates pelados e, no máximo, um conservante do próprio tomate. Já o molho de tomate pronto é um composto industrial, cheio de aditivos químicos — além de sal, açúcar e gordura. Leia a parte de trás do rótulo.

É OU NÃO É?

Como saber se um alimento é ultraprocessado? Leia a lista de ingredientes. Se ela for longa, tem grandes chances de ser. Se tiver nomes de ingredientes que não temos na cozinha de casa, com certeza é. De acordo com o *Guia alimentar para a população brasileira* (e com inúmeros estudos científicos feitos pelo mundo), a composição nutricional desbalanceada dos produtos ultraprocessados favorece doenças do coração, diabetes e vários tipos de câncer, além de contribuir para aumentar o risco de deficiências nutricionais. Uma vez que a gente lê e aprende sobre a tabela de classificação dos alimentos, parece que tudo faz mais sentido — fica difícil desver. Colocar a tabela em uso fica mais fácil à medida que praticamos. Apenas comece: exclua as barrinhas de cereal e os pacotes de bolacha recheada; os sucos adoçados e salgadinhos; se possível, troque logo a margarina por manteiga; diminua bem o refri, nada de molho de tomate pronto (tenho receitas ótimas e rápidas, aguarde), prefira a pipoca de panela — os temperos prontos já saíram da cozinha, imagino. Se você se confundir no início, basta lembrar que é preciso ler o verso do rótulo. De que ingredientes são feitos aquele produto? O que são todos esses nomes esquisitos? Esse é o caminho.

SABER COZINHAR PODE SER REVOLUCIONÁRIO

Quem cozinha vive melhor — mas não é na hora da fome que se decide o que vai comer!

Não é de hoje que defendo a comida de verdade. Para mim, saber cozinhar é tão valioso, tão fundamental, que trazer as pessoas para a cozinha virou o meu trabalho — uma missão. É isso que faço no site Panelinha desde 2000; nos livros, nas nossas mídias sociais e nos programas de televisão. Calcule que comecei a escrever receitas numa coluna de jornal em 1995! São décadas ensinando a cozinhar. E também alertando as pessoas das orientações mais atualizadas sobre alimentação saudável, sempre com base em evidências científicas.

Antes mesmo de o termo ultraprocessado existir, por uma questão de bom senso, como tantas outras pessoas, eu também intuía que as comidas feitas e temperadas na fábrica não eram boas para a saúde. Por isso, no Panelinha, você não encontra receitas que indiquem o uso de ultraprocessados, como o tempero pronto, a margarina ou mesmo um biscoito famoso para preparar um pavê. Esse senso comum, na última década, ganhou comprovação científica: inúmeros estudos relacionam o consumo de ultraprocessados ao aumento da obesidade e de outras doenças crônicas não transmissíveis, como diabetes, doenças cardíacas, depressão e até alguns tipos de câncer. E o contrário também é verdadeiro: as populações que cozinham mais têm melhores índices de saúde e vivem mais.

Quando lancei o Panelinha, porém, não imaginava que, duas décadas depois, cozinhar seria considerado um recurso essencial no combate a essas doenças e, portanto, uma habilidade fundamental para manter uma alimentação saudável. Mais do que isso, para deixar a vida melhor. E não só para si. Hoje, sendo ou não um ativista em defesa da comida de verdade, só de cozinhar no dia a dia você já está agindo para melhorar o atual sistema alimentar. A demanda cria a oferta.

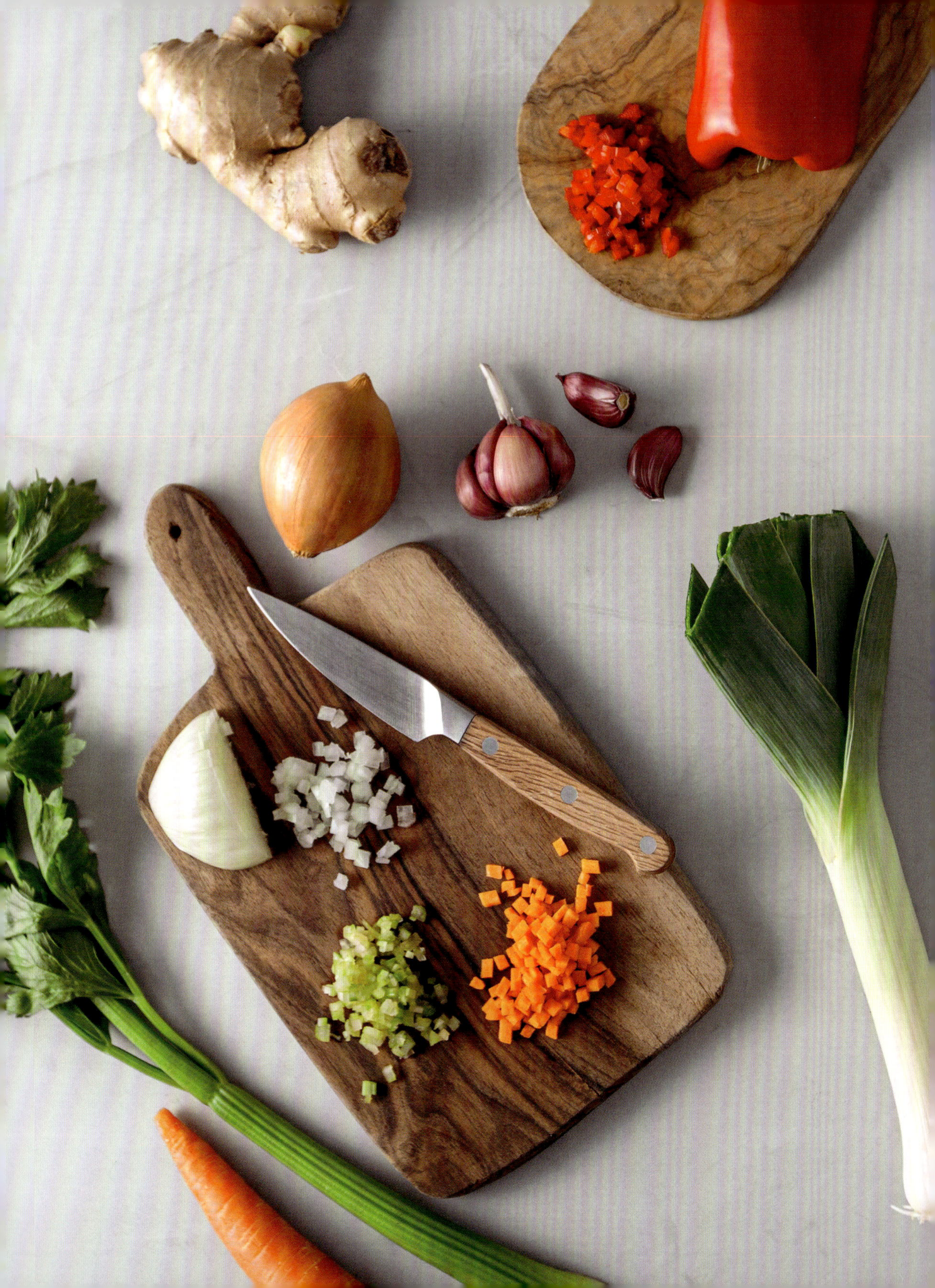

Se o sujeito não refletir, tomará refrigerante como se fosse água, comerá pão de fôrma no café da manhã, barrinha no lanche, salgadinhos na *happy hour* ou na frente do computador e, ao cozinhar, fará macarrão instantâneo e ainda temperará a comida com cubinhos e sachês. E tudo isso sem se dar conta de que estará consumindo esse tanto de ultraprocessados.

Desde 2014, o Panelinha tem um convênio formal com o Núcleo de Pesquisas em Nutrição e Saúde (Nupens/USP). Ele é nosso parceiro científico na tarefa de disseminar informação sobre nutrição com base em evidências. Depois de uma década trabalhando juntos, tenho ainda mais convicção de que alimentação é um assunto muito complexo, mas as soluções para deixar as suas refeições mais saudáveis estão na cozinha de casa.

Ao preparar as próprias refeições, você está no controle de tudo: da qualidade e variedade dos alimentos à quantidade de sal usada na comida. Fora que, quem cozinha, come mais legumes e verduras e, claro, menos alimentos ultraprocessados. Sei bem, porém, que cozinhar no dia a dia é difícil. Aliás, cozinhar todos os dias do zero não é difícil, é quase impossível! Mas há muitas estratégias para garantir comida de verdade na mesa, sem que você viva para isso. Montar um cardápio semanal, cozinhar no fim de semana e congelar porções, deixar as folhas da salada lavadas, alguns ingredientes já cortados, tudo isso ajuda a encaixar a cozinha na rotina atribulada.

Para os casais, a divisão de tarefas é essencial; já para os solteiros, o planejamento tem que ser dobrado; nas famílias, além de divisão de tarefas e planejamento, é necessário muito reaproveitamento de sobras. A comida é feita num volume maior, o que é bom para não precisar começar todas as refeições do zero, mas saber transformar as sobras é fundamental para não estourar o orçamento.

Não é na hora da fome que você decide o que vai comer. Mas só quem está acostumado a preparar as próprias refeições é que sabe disso. Fazer o planejamento vai além de criar uma planilha e definir, por exemplo, que quinta-feira é dia de comer um risoto. É pensar o cardápio, claro, mas é também garantir os ingredientes na despensa ou até mesmo ter opções no congelador, porque deixou pronto semanas antes.

Tudo isso ajuda e muito. Mas o que resolve é a prática, é se dedicar a aprender a cozinhar. Quanto mais você treina essa habilidade, mais fácil fica (aliás, como tudo na vida.) Saber cozinhar nos dias de hoje é relevante para além da nutrição. É uma maneira de se conectar com as coisas essenciais, um momento em que você deixa o mundo externo de lado, porque precisa focar no fogo, na faca — ou você se queima e se corta! A cozinha é um espaço para exercitar a criatividade, para aprender, trocar e também para ensinar.

Para o projeto comida de verdade dar certo numa casa, todos têm que se envolver com a alimentação. Não dá para deixar essa responsabilidade com uma pessoa só. Sem contar que, a quatro ou mais mãos, preparar a refeição fica muito mais rápido. Cozinhar em família é um trunfo para uma vida melhor. E temperar direitinho a comida faz parte de saber cozinhar.

Nem precisa ser ativista: quem cozinha no dia a dia melhora o sistema alimentar.

Yes, nós temos dieta brasileira

O nosso arroz com feijão é tão bom quanto a dieta mediterrânea.

O Brasil é motivo de orgulho por diversas razões. A música, as paisagens naturais, a riqueza do solo, as diferentes culturas... E, entre outras mais, o arroz com feijão. Essa dobradinha simboliza o nosso jeito de comer e, apesar de ganhar variados temperos e até alimentos conforme a região do país, está presente nas mesas de norte a sul. No prato-feito tradicional, a dupla ganha a companhia de legumes refogados ou cozidos, verduras frescas, carnes grelhadas ou cozidas, às vezes ovos. E uma farofinha, hein? Rapaz... Fica muito bom.

É assim que se monta um pê-efe caseiro, o grande símbolo alimentar tradicional brasileiro. E não é só no quesito sabor que ele é um sucesso. A dieta de uma região, como a mediterrânea ou a brasileira, é desenvolvida pela população no decorrer de centenas de anos, combinando de uma forma balanceada os alimentos locais mais abundantes. Por isso, é uma dieta acessível, saborosa, saudável e que tem a ver com a cultura e a história daquele lugar.

O nosso prato-feito tradicional combina de forma balanceada quatro dos cinco grupos de alimentos que devemos comer diariamente: o das leguminosas (feijões), o dos cereais, raízes e tubérculos (arroz e mandioca, entre outros), o das hortaliças (que são legumes e verduras) e, para quem come, o das carnes (bovinas, suínas, de aves, pescados) e ovos. Só fica faltando o grupo das frutas! Mas elas podem ser a sobremesa.

A FÓRMULA DO PÊ-EFE

De um lado, hortaliças. De outro, arroz e feijão. Vai comer carne? Divida o espaço com o feijão. Quer batata, farofa e macarrão? Divida o espaço destinado ao arroz. A seguir, conheça melhor os grupos alimentares que formam o pê-efe e a proporção que eles devem ocupar no prato para a refeição ficar bem balanceada. Para deixar a comida saborosa, já sabe, não é? Vamos caprichar nos temperinhos naturais!

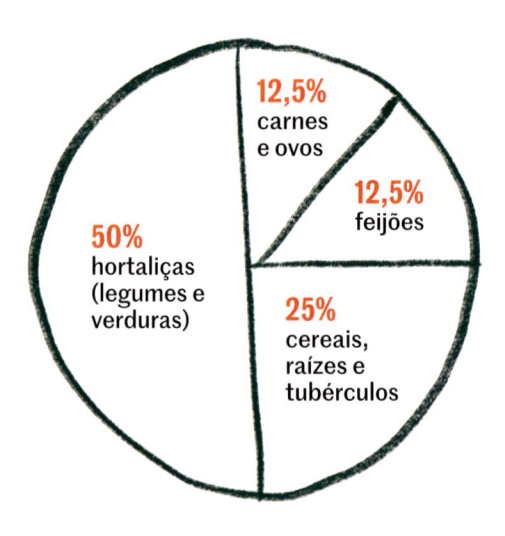

- 12,5% carnes e ovos
- 12,5% feijões
- 50% hortaliças (legumes e verduras)
- 25% cereais, raízes e tubérculos

Juntos, arroz e feijão são uma ótima fonte de proteína, porque somam todos os aminoácidos essenciais.

OS GRUPOS ALIMENTARES

HORTALIÇAS (LEGUMES E VERDURAS)

Falou em hortaliça, pensou em salada? Está certo, mas tem mais. Neste grupo, não há apenas folhas (alface, rúcula, agrião, almeirão, catalonha) nem só preparações frias. Quer texturas mais firmes? Vale assar brócolis, quiabo, repolho, rabanete — legumes e até algumas verduras ficam incríveis no forno. Tomate, abóbora, berinjela, abobrinha, ora-pro-nóbis, espinafre, escarola e todos os alimentos que vêm da horta estão aqui. Quanto mais você variar, melhor. Pense que cada alimento tem uma composição nutricional única. Por isso, quanto mais variada for a sua alimentação, mais tipos de nutriente você oferece ao seu corpo. Um trunfo deste grupo é que as possibilidades são enormes, tanto de itens no cardápio quanto no modo de cozimento e na combinação de sabores.

CEREAIS, RAÍZES E TUBÉRCULOS

Estes alimentos fazem parte do mesmo grupo porque têm um papel nutricional semelhante. Batata, batata-doce, mandioca, mandioquinha (batata-baroa), cará, inhame, milho, arroz (de todos os tipos), trigo (integral, para quibe, cuscuz marroquino), macarrão, pão, entre outros. Tudo no mesmo prato de uma vez só? Não é o caso: divida o espaço na fórmula do pê-efe. Assim, você come o que quer, mas segue uma refeição balanceada.

FEIJÕES

O grupo inclui feijão e outras leguminosas, como ervilha, lentilha e grão-de-bico. Alterne o tipo (carioquinha, preto, branco e rosinha, entre outros) ou prepare lentilha ou grão-de-bico para servir com arroz. Grãos mais firmes de feijão, como andu, bolinha, manteiguinha e fradinho (usado no acarajé), rendem ótimas saladas e mexidinhos — o feijão nem sempre precisa ser ensopado.

CARNES E OVOS

Este grupo inclui carnes vermelhas, aves e pescados, ovos de galinha e de outras aves. Carnes podem ser simplesmente temperadas e grelhadas ou entrar em cozidos, ensopados e preparações de forno. Ovos são os reis da versatilidade. Para quem prefere excluir carne e ovos da dieta, há várias opções que garantem a dose de proteína no pê-efe. A mais simples é caprichar na porção de arroz e feijão. Somados, eles formam uma excelente fonte de proteína. Leite e derivados são uma boa alternativa.

Fruta é sobremesa, sim

Uma fruta para terminar a refeição é um ótimo hábito — depois que você se acostuma, sente a maior falta quando não tem uma frutinha para encerrar o almoço ou o jantar. E algumas delas não precisam estar sempre *in natura*: podem ganhar complementos, como uma farofa crocante, tipo *crumble*, ou ainda ser cozidas com especiarias (maçã com canela, cravo e cardamomo!) para virar uma sobremesa gostosa e saudável. As frutas da época costumam ser as mais gostosas.

Viu como é simples?

Você não precisa decorar nenhuma tabela de nutrientes nem se preocupar em excluir alimentos do prato. É o contrário disso. O ideal é variar bastante. E, quando não der para incluir todos os grupos alimentares do pê-efe numa refeição, capriche na próxima. Por exemplo, jantou um risoto de queijo? Capriche nas hortaliças no almoço do dia seguinte!

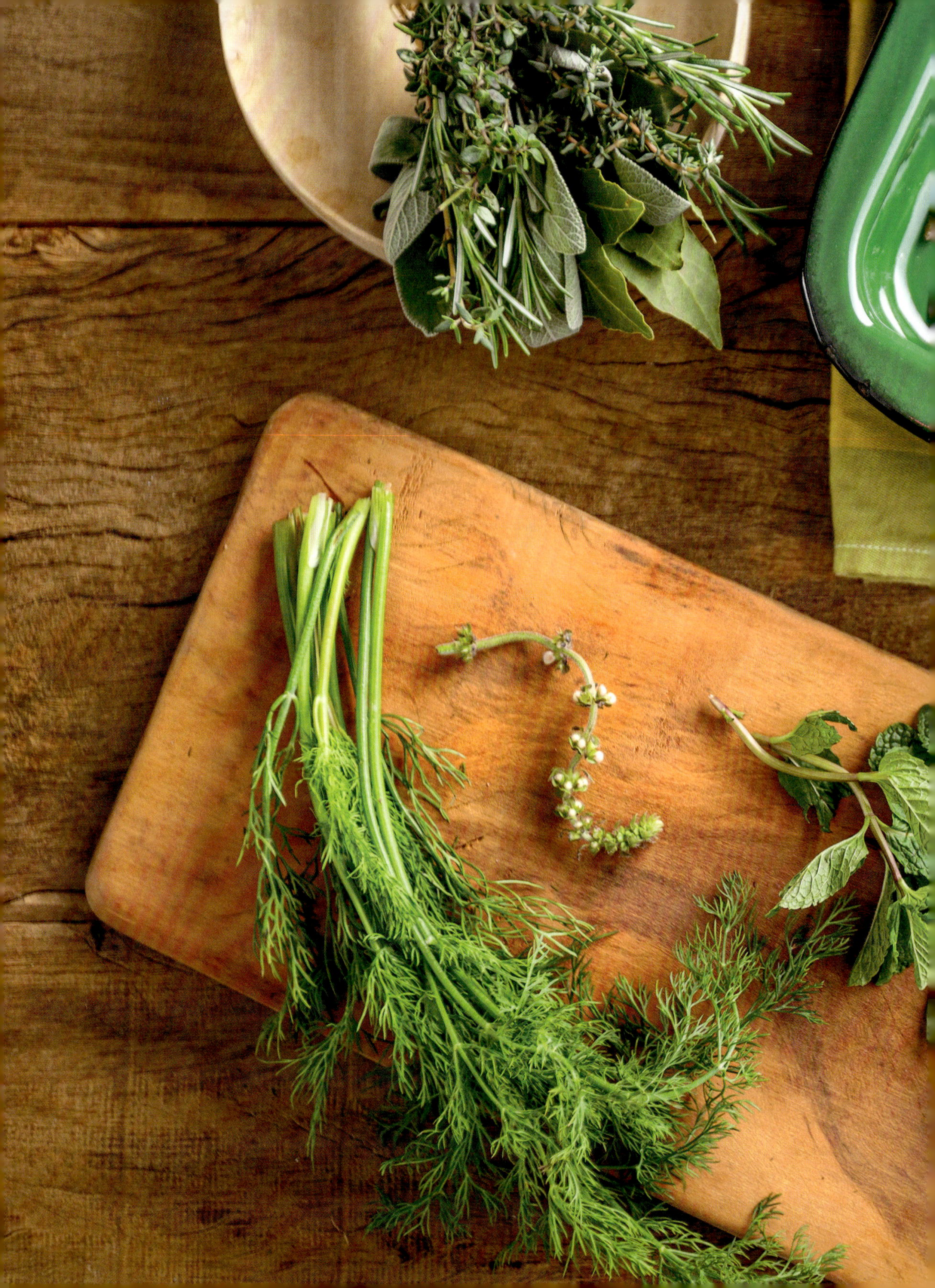

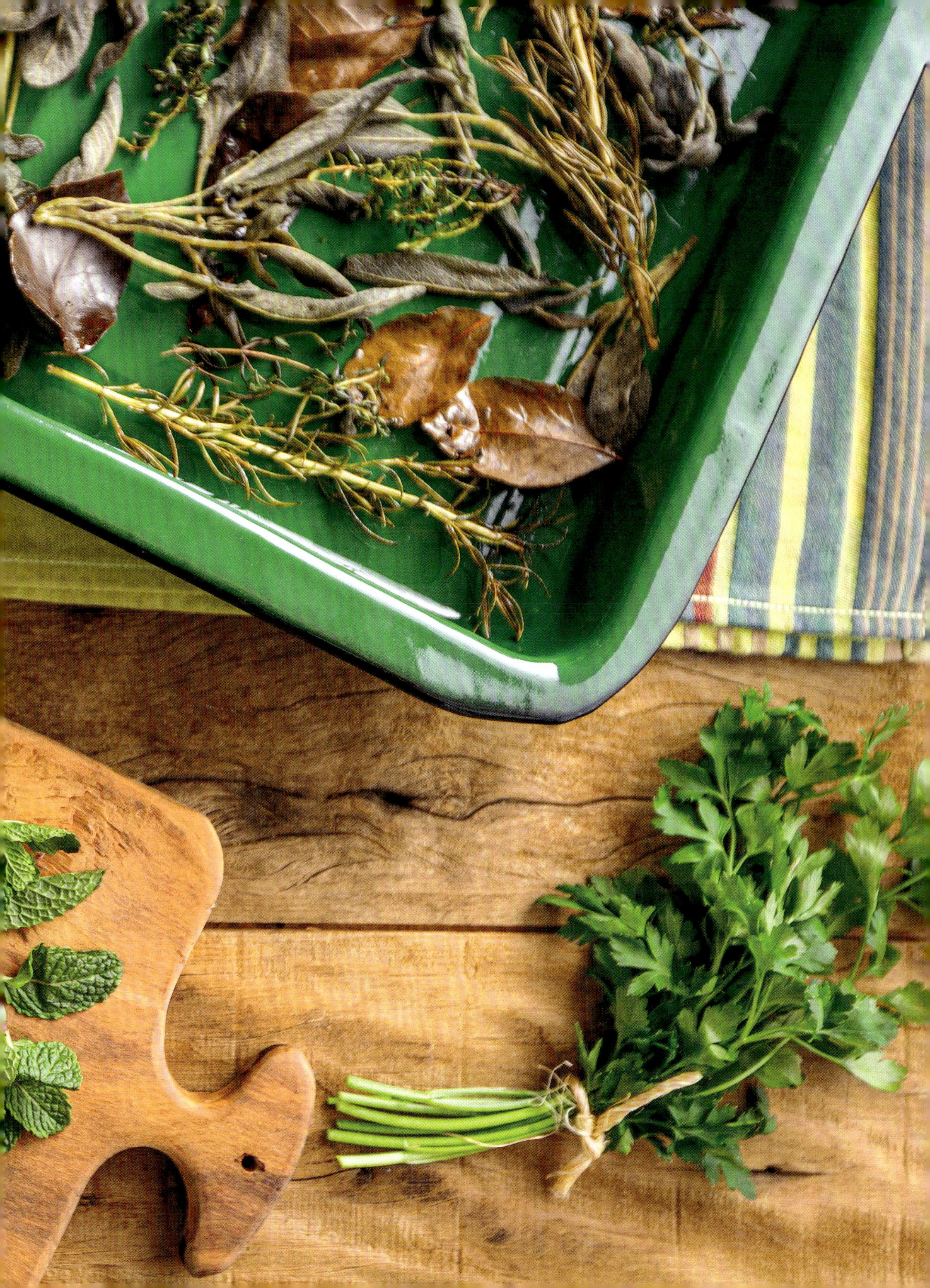

2: Tudo o que você sempre quis saber sobre *ervas*

Quais são, de onde vieram, do que são capazes: conheça melhor as ervas

Cheiro-verde para você o que é? Pensou em cebolinha e salsinha ou cebolinha e coentro? Nenhum dos dois? Então, na dupla deve ter uma chicória, que é das ervas mais usadas no Norte do país – e não tem nada a ver com a hortaliça que no Sudeste é servida refogada e que, em outras regiões, também é chamada de almeirão. Chicória – a erva, não a verdura – é ainda conhecida como coentrão. Essa riqueza dá a dimensão do nosso país, não é? O nosso mais do que famoso cheiro-verde, porém, não nasceu aqui. Ele veio de Portugal e, apesar de levar o mesmo nome, no Brasil foi ganhando combinações diferentes de uma região para outra. Até cheiro-verde com alguns tipos de pimenta amarrados aos maços eu já vi.

Essa dupla é uma espécie de porta de entrada para o mundo das ervas frescas. Não há feira livre que não tenha uma mesinha com os maços empilhados à espera do freguês. Mas, de uns tempos para cá, as mesas foram aumentando; muitas ganharam até status de barraca, porque, além do cheiro-verde, a clientela passou a buscar um maço de manjericão para o molho de tomate, outro de alecrim para alegrar as batatas assadas, um macinho de tomilho para a carne ensopada e outro de endro para deixar o salmão parecido com prato de restaurante. Ah, a abóbora assada pediu que não se esquecessem de trazer um maço de sálvia, e o quibe de forno se recusa a ir para a mesa sem um pouco de hortelã!

Pronto. Já temos uma seleção de ervas frescas que fariam uma revolução na cozinha que nunca ganhou nada além de um maço de salsinha. Imagine na comida que teve que aturar cubos, sachês e outros temperos prontos por anos a fio.

Neste capítulo, vamos saber mais sobre dezessete ervas e mais três combinações clássicas. Esses temperos naturais, folhas de plantas, dão sabor e frescor às mais variadas preparações e ainda turbinam a alimentação com nutrientes. Você vai ver que um bom ponto de partida para usar as ervas é buscar referências nas combinações clássicas. Não é à toa que o manjericão vive fazendo parzinho com o tomate: fica bom mesmo! Assim como alecrim com batata, ou tomilho com carnes, ou endro com peixes. E também não é por acaso que, em culinárias mais apimentadas, como a baiana, a tailandesa e a indiana, o coentro faz tanto sucesso. Ele cria um delicioso contraponto! Isto é, para quem não sente nele um insuportável sabor de sabão. É o seu caso? Provavelmente tem a ver com a genética. E, se for, é melhor nem tentar usar. Mas, se for apenas falta de hábito, é só comer algumas vezes que passa.

Para criar um repertório a jato, você vai aprender sobre a origem das ervas, e também os usos clássicos de cada uma delas pelo mundo. Mas isso deve ser apenas um ponto de partida. Com as receitas, vamos além! E, para garantir que você tenha essas folhas sempre à mão na hora de cozinhar, conto tudo sobre como higienizar e armazenar. Com isso, prevejo que, ao fim do capítulo, algo vá se transformar dentro de você. Sintoma possível: uma vontade imensa de comprar temperos novos a cada ida à feira, ao sacolão ou ao mercado – ou fazer uma horta de ervas em casa. Não resista! Além de mais saborosa, sua alimentação vai ficar mais saudável, variada, interessante e alegre.

Saber um pouco das tradições culinárias de diversos lugares ajuda bastante na hora de cozinhar.

Ervas: no prato ou na panela?

Assim como nós, algumas folhinhas amam o calor; outras detestam.

Digamos que você abra a geladeira e decida assar uns leguminhos para acompanhar outra preparação qualquer. Além de azeite, sal e pimenta, e talvez mais alguma especiaria, na minha casa, de bate-pronto, eu colocaria sálvia, tomilho ou alecrim. Mas, se a ideia fosse polvilhar alguma erva na hora de servir, eu iria de salsinha, manjericão, hortelã ou coentro. E por que não o contrário? Há ervas que gostam de calor e outras que não gostam.

Isso quer dizer que algumas ficam ainda melhores depois de algum método de cozimento, e outras entregam tudo quando ainda estão fresquinhas, apenas finalizando a preparação. A seguir, você vai entender melhor essa classificação, que é meramente culinária e, por isso mesmo, facilita muito na hora do vamos ver.

Ervas que se dão bem com o calor

É simples: prove umas folhinhas de alecrim ou sálvia cruas. Se você já experimentou batata assada com alecrim ou nhoque na manteiga com sálvia, sabe que esse tipo de erva fica muito mais gostoso depois que passa por algum cozimento. Valem o assado, braseado, refogado... Essas ervas podem ir para a panela logo no início do preparo de caldos, ensopados, cozidos e, claro, na assadeira que vai para o forno e no cesto da Air Fryer. Algumas vezes, elas são descartadas depois de cumprir o papel de aromatizar a preparação, como é o caso do louro e do bouquet garni — um combinado de ervas que empresta seu sabor à receita, mas nunca aparece no prato depois de pronto. **ALGUNS EXEMPLOS:** o alecrim em assados é bem versátil — combina com carnes vermelhas, aves e legumes em geral. Ele também é excelente para aromatizar o azeite da salada e vai bem nos legumes refogados. O feijão-branco fica especial com o toque canforado dessa erva. E os biscoitos amanteigados, que estão na p. 77, devem surpreender com a presença do alecrim. O louro, que é uma erva de infusão (a gente não come, só usa no preparo), perfuma o feijão e também o arroz, além de caldos, sopas e ensopados. O tomilho é fantástico com carnes em geral, mas também fica delicioso em assados que levam legumes — a batata rústica na Air Fryer é prova disso.

Ervas que não precisam de calor

Em altas temperaturas, algumas ervas perdem o sabor e o aroma. Por isso, costumam entrar na panela nos últimos minutos do cozimento, ou mesmo com o fogo já desligado. São indicadas para receitas frias e, claro, para finalizar os mais variados pratos. **ALGUNS EXEMPLOS:** o manjericão adicionado no fim do preparo do macarrão ou da pizza, o coentro no curry ou no ceviche, a hortelã no tabule, a salsinha no picadinho de carne.

Verdade seja dita

Essa divisão entre as ervas que gostam e as que não gostam de calor serve para ajudar você a fazer melhores escolhas no dia a dia. Mas não é uma regra escrita na pedra. O coentro pode ser frito para aromatizar o azeite do refogado; a hortelã fresca pode temperar a carne do quibe que vai ser assado; picadinho com açúcar, o alecrim pode ser polvilhado sobre a salada de frutas. Já a cebolinha navega bem entre os dois grupos: fresca é mais crocante e frita fica mais delicada.

Ervas sempre à mão

A versão seca das ervas, apesar de perder a intensidade de sabor e aroma, é um ótimo atalho para deixar os preparos mais interessantes. O orégano, o alecrim e o tomilho, por exemplo, resistem tão bem ao calor que conservam seu aroma mesmo depois de secos — o orégano, aliás, tem ainda mais sabor quando seco do que quando usado fresco.

As ervas secas só não podem ser usadas na finalização dos pratos já prontos: elas precisam ser incorporadas no preparo das receitas ou dos molhos para recuperar um pouco do frescor. Mas são ótimas opções para incrementar molhos de salada e compor misturinhas de temperos prontos caseiros. Essas combinações de sal, especiarias e ervas secas têm o poder de potencializar o sabor de diferentes preparos, como carnes grelhadas e legumes assados, e são atalhos perfeitos para ter sempre na cozinha. As receitas desses temperos prontos estão na p. 153. E mais para o fim deste capítulo, na p. 49, explico direitinho como você pode conservar e desidratar as ervas no micro-ondas.

Ideia fresca!

Vai receber gente em casa e quer caprichar na decoração da mesa? Um macinho de ervas frescas amarradas com um barbante vira um belo anel de guardanapo. Escolha ervas amigas do calor, como tomilho e alecrim, que são mais firmes e permanecem bonitas por mais tempo, sem murchar. Outra ideia: um buquê de manjericão, hortelã e alecrim unidos em um copo pequeno.

É no calor que determinadas ervas fazem sua mágica!

O manual das ervas

Inéditas ou velhas conhecidas: consulte à vontade para usar mais e melhor

Neste manual você vai encontrar uma mistura de teoria com muita prática — são mais de duas décadas provando e criando receitas na cozinha de testes do Panelinha. Leia e releia, mas não deixe de pôr a mão na massa. E volte sempre que estiver precisando de inspiração para deixar as refeições mais saborosas. São 20 tipos de erva (e mistura de ervas) e, de cada uma delas, conto as principais características, combinações clássicas de sabores, como comprar, usar e armazenar.

Alecrim *Rosmarinus officinalis*

GOSTA DE CALOR

O alecrim é uma das ervas mais aromáticas da cozinha. O sabor, bem marcante e intenso, é canforado — tem notas de pinus, menta e eucalipto. Ao passarem por algum tipo de cozimento, as folhas de alecrim perfumam os alimentos e transferem para eles o seu sabor. Use a erva na hora de refogar, cozinhar e assar. Apesar da afinidade com o fogão, o alecrim também pode ser usado cru, em molhos frios para salada ou carnes. Só tome cuidado para não exagerar na quantidade: *in natura*, é muito forte e deixa um gosto de cânfora nas preparações.

COMBINAÇÃO DE SABORES

O sabor verde e adstringente do alecrim é um ótimo contraponto para carnes mais gordurosas, como cordeiro. Também combina com outras carnes vermelhas, brancas e até com peixes de sabor mais forte, como cavala e sardinha. Cai bem com legumes e raízes, em especial batata, abóbora, cebola, berinjela, pimentão e tomate. Com feijão-branco fica particularmente delicioso, mas combina com outras leguminosas, como grão-de-bico. Casa igualmente com azeite, pães, queijo de cabra e sabores doces: com laranja, resulta numa composição de sabor clássica para temperar frango. Perfuma biscoitos amanteigados, salada de frutas e vai bem até com chocolate.

PELO MUNDO

O alecrim é originário do Mediterrâneo. Na Itália, faz par com carne de cordeiro, de vitela e de cabrito; é salpicado na massa de focaccia e na batata assada. Na França, é um dos componentes da mistura de ervas da Provence, usada para temperar variadas carnes e pratos com legumes, como o ratatouille.

COMO ESCOLHER

As folhas devem ter um tom verde-escuro e ser bem maleáveis. Evite maços com folhas ressecadas, duras, escurecidas, amareladas ou murchas. Só use a versão seca em último caso, pois perde-se muito do aroma.

DICAS

No caso do alecrim, o ideal é deixar para higienizar somente na hora de usar — dura mais tempo na geladeira se armazenado sem lavar. Você pode picar as folhas e congelar em forminhas de gelo, cobertas com azeite — os cubos vão do congelador direto para a panela. As folhas também podem ser batidas com azeite e conservadas na geladeira por até um mês para temperar carnes, aves ou legumes antes do cozimento. Outra opção é triturar as folhas com sal grosso e usar no lugar do sal nas receitas. O alecrim é ótimo para aromatizar azeites e vinagres — tem receita na p. 50. Quando usar o alecrim em assados ou marinadas, nem é preciso debulhar. Os ramos podem ir inteiros para a mesa.

Capim-cidreira *Cymbopogon citratus*

COM E SEM CALOR

Também conhecida como capim-limão ou capim-santo, esta planta nativa da Índia tem aparência de capim e gostinho de limão. Por isso, é possível preparar com ela sobremesas, sucos, drinques e infusões (ao lado da hortelã e do boldo, é um dos chás mais consumidos no Brasil) e também ensopados e caldos. Para liberar o aroma em marinadas, o capim-cidreira deve ser cortado ou macerado. Em todos esses casos, as folhas são retiradas antes de servir — elas são muito duras e fibrosas. Já o bulbo do capim-cidreira pode ser usado bem picadinho em refogados.

COMBINAÇÃO DE SABORES
O frescor e o sabor cítrico do capim-cidreira são perfeitos para receitas com peixes e frutos do mar, além de fazerem bom contraponto com sabores apimentados, como no curry.

PELO MUNDO
Esta erva é considerada um ingrediente básico na culinária do sudeste da Ásia. Em países como Tailândia, Vietnã, Malásia e Indonésia, o frango com capim-santo é um clássico. Também vai no camarão e em peixes ensopados ou na marinada de carnes que serão grelhadas. Sopas, noodles, caldos e curries também levam a erva, combinada com leite de coco, cebolinha, coentro e hortelã. Na Índia e em algumas partes da China também se usa o capim-santo — pode ir no refogado de alho e gengibre para preparar o famoso arroz frito.

COMO ESCOLHER
Dê preferência à erva fresca, que tem o aroma e, principalmente, o sabor mais pronunciados. As folhas devem estar bem verdes e maleáveis.

DICAS
As folhas de capim-cidreira podem ser armazenadas em recipientes fechados. Se congeladas, vão direto para a água (ou líquido) de infusão, caldos ou ensopados. O ideal, no caso desta erva, é lavar apenas na hora de usar. Armazene num recipiente fechado (vale de plástico, de vidro, de inox) sem amassar as folhas — é melhor cortar em pedaços menores do que dobrar.

Cebolinha *Allium schoenoprasum*

COM E SEM CALOR

As folhas da cebolinha são a parte verde dos talos. Têm um sabor suave de cebola, levemente ardido e fresco, e a textura firme, ideal para finalizar pratos. Além de frescor, esta erva dá crocância aos preparos — é usada principalmente para arrematar as receitas. Por isso é que a cebolinha se encaixa bem no grupo das ervas que não gostam de calor. Mas ela tem um pé no outro grupo também: pode ser refogada (no azeite, óleo, manteiga ou outra gordura). A parte branca do talo, conhecida por bulbo, é mais ardida e pode ser fatiada para entrar em refogados no lugar da cebola. Para finalizar os pratos, experimente a cebolinha-francesa, que pode ser picadinha ou mesmo colocada sobre o peixe, por exemplo, inteira, pois é bem fininha e firme.

COMBINAÇÃO DE SABORES
Cebola combina com quê? Praticamente tudo! E a cebolinha? Também. Falando sério, a cebolinha fatiada fininho pode finalizar as mais variadas preparações. Ela combina com todo tipo de carne — vermelha e branca —, com os mais diversos legumes e verduras, fica ótima com ovo e até com queijos. Se você gosta do sabor da cebolinha, ela é uma excelente opção para ter à mão, porque, além de ser versátil em termos de combinação de sabor, é uma das poucas ervas que funcionam para cozinhar e para finalizar. O purê de batata fica delicioso quando ganha cebolinha frita no azeite! Essa erva é também muito comum nas cozinhas orientais, e combina à beça com shoyu (molho de soja).

PELO MUNDO

Na culinária japonesa, a cebolinha é indispensável. Vai no ovo mexido, no missoshiro, a sopa de pasta de soja, e até no yakitori, espetinho de frango que geralmente leva uma variedade mais grossa da erva. Na Ásia, em geral, a cebolinha é presente na cozinha do dia a dia. Na França, está entre as *fines herbes*, as ervas finas que são usadas nas mais variadas preparações. Em Portugal, tradicionalmente é usada para temperar mariscos. No Reino Unido, ela não falta em pratos com peixes em geral. No Brasil, a cebolinha é amiga inseparável da salsinha e do coentro, e entra em uma infinidade de preparações do dia a dia. É uma erva presente em todas as regiões do mundo.

COMO ESCOLHER

Os talos de cebolinha devem estar firmes e verdes. Evite talos com folhas amareladas, dobradas, murchas ou amassadas.

DICAS

Na hora de usar, corte e reserve para refogar a parte branca e deixe a parte verde de pé num copo, com a extremidade cortada para baixo. A seiva da cebolinha escorre e, assim, fica mais fácil para fatiar. As folhas ficam mais soltinhas. Você pode congelar a cebolinha já fatiada num pote de vidro (quanto mais sequinha e soltinha, melhor). Na hora de usar, é só raspar com um garfo direto na panela e finalizar cozidos, sopas e ensopados. Não descongele em temperatura ambiente nem use para finalizar pratos frios.

Coentro *Coriandrum sativum*

NÃO GOSTA DE CALOR

O coentro tem sabor marcante, cítrico e refrescante. É justamente pelo seu frescor que as folhas não gostam muito do calor. Já a raiz do coentro picadinha é ótima para dar um sabor diferente ao refogado de sempre. Para muita gente, porém, coentro tem gosto de sabão! E essa é uma questão genética. Quem não tem problema com coentro não abre mão dele em pratos que vão do feijão do dia a dia à moqueca do fim de semana. E tem mais: um chumacinho transforma o sabor da lentilha, dá um toque de frescor aos mais variados peixes e, acredite, fica incrível no suco e até na caipirinha de tangerina!

COMBINAÇÃO DE SABORES

O frescor do coentro é o atributo perfeito para equilibrar o ardor da pimenta, por isso ele faz combinação clássica em pratos indianos, baianos, tailandeses, entre tantos outros. Combina com peixes e frutos do mar, com frango e com leguminosas como feijão e lentilha. Também funciona quando é usado juntamente com outros ingredientes aromáticos, como gengibre, hortelã e alho. Outros casamentos que dão certo: leite de coco, iogurte, laranja e demais frutas cítricas.

PELO MUNDO

No Nordeste, o coentro é rei e não pode faltar na cozinha, como na moqueca ou no bobó de camarão. Também está presente nas salsas mexicanas, nos ceviches peruanos, na culinária indiana e em países do Sudeste Asiático — os tailandeses gostam de usar a raiz da erva, que tem sabor mais suave que as folhas. O coentro também dá um toque de frescor a diversos pratos vietnamitas, como os rolinhos de papel de arroz recheados de vegetais e camarão.

COMO ESCOLHER

Escolha maços com as folhas verdes e firmes. Evite folhas murchas, amareladas ou escuras.

DICAS

Não vai dar tempo de aproveitar o maço todo de coentro nas receitas? Pique as folhas e prepare uma manteiga composta (tem receita na p. 50). Ela pode ser congelada e é ótima para finalizar grelhados, risotos com frutos do mar ou legumes. É o aveludado da manteiga com o frescor do coentro! Para quem está chegando agora na cozinha, é comum confundir coentro com salsinha. É seu caso? Preste atenção em duas características: as folhas do coentro têm as bordas mais arredondadas e o maço dele costuma ser vendido com a raiz (a salsinha costuma vir cortada no talo).

Endro *Anethum graveolens*

NÃO GOSTA DE CALOR (MAS, SE FOR RAPIDINHO, PODE)

Conhecida como endro, dill ou endro-dill, esta erva superaromática, de folhas finas e delicadas, tem sabor complexo: começa doce, passa para o azedo e ainda carrega um toque de anis. É muito usada no Leste Europeu. Faz parte do grupo das que não gostam de calor — seu sabor fica mais pronunciado quando a erva está fresca, por isso as folhas devem ser usadas na finalização de preparos ou em receitas frias, como saladas e patês. Há exceções: no preparo de peixe no papelote, o endro funciona muito bem. Como esse é um método de cozimento rápido, que retém a umidade, o sabor e o aroma da erva são mantidos. Endro, aliás, deveria ser obrigatório no preparo de salmão! São feitos um para o outro.

COMBINAÇÃO DE SABORES

O frescor herbal do endro potencializa o sabor de receitas frias, como saladas e sopas. Ele combina muito bem com peixes e frutos do mar em geral. E também com ingredientes usados na cozinha do Leste Europeu, como batata, repolho, pepino, beterraba, ovos, frango. Até na canja fica uma delícia! Funciona com legumes e faz boas harmonizações com ingredientes ácidos, como limão-siciliano e vinagre, e outras ervas, como coentro e hortelã.

PELO MUNDO

Na Escandinávia, esta é a mais importante das ervas. Brilha no preparo do gravlax, o salmão curado com sal, açúcar e endro; tempera batatas, molhos cremosos e muitas outras preparações. Na Grécia, entra em saladas e pratos quentes, como a *magiritsa*. Não pode faltar nos picles de pepino fermentado, populares na Inglaterra e nos Estados Unidos. Tampouco em saladas de pepino fresco com iogurte. É ingrediente frequente no Leste Europeu, onde costuma finalizar o borscht, a sopa de beterraba.

COMO ESCOLHER

O endro não é uma erva fácil de ser encontrada por causa de sua fragilidade. Compre apenas quando for usar e evite folhas murchas ou amareladas.

DICAS

Use uma tesoura para cortar as folhas de endro. Elas são tão delicadas e finas que você nem precisa sujar tábua e faca. O endro não pode ser congelado, mas você pode prolongar o prazo de validade da erva preparando uma manteiga composta (tem receita na p. 50).

Estragão *Artemisia dracunculus*

COM E SEM CALOR

Apesar de funcionar muito bem em diferentes métodos de cozimento, o estragão também pode ser usado cru. As folhas finas, pontudas e verde-escuras do estragão têm textura delicada e sabor de anis levemente picante. Também são usadas frequentemente para aromatizar vinagre e mostarda. No mercado brasileiro, a erva é mais facilmente encontrada na versão seca.

COMBINAÇÃO DE SABORES

O estragão casa bem com sabores ácidos, como vinagre e limão. Com sua mistura de notas doces e picantes, levanta o sabor do frango, de peixes delicados como o linguado e de frutos do mar. Fica especialmente bom com ovos — a omelete básica sobe vários degraus com a ajuda do estragão. Combina ainda com vegetais como beterraba, cenoura, erva-doce, tomate e espinafre.

PELO MUNDO

O estragão é uma das ervas mais importantes da culinária francesa. É indispensável no molho *béarnaise*, preparação à base de gemas, manteiga e vinagre; faz parte da combinação de *fines herbes* (ervas finas) e entra em pratos clássicos como o frango ao estragão. Na cozinha persa, costuma fazer parte do *sabzi khordan*, um saladão com rabanete, ervas, especiarias e queijo feta.

COMO ESCOLHER

É mais fácil encontrar para comprar a versão seca. Se for comprar a erva fresca, as folhas devem estar com a cor verde bem viva. Evite maços com folhas amareladas, escuras ou ressecadas.

Hortelã *Mentha spicata*

NÃO GOSTA DE CALOR (ATÉ SEGUNDA ORDEM)

Com sabor refrescante e adocicado, a hortelã está no grupo das ervas que não gostam de calor, apesar de render um chá delicioso! As folhas são perfeitas para finalizar receitas doces e salgadas. Existem tipos de hortelã com folhas de diferentes tamanhos e texturas, além de variações no sabor — algumas espécies chegam até a ser picantes, como a hortelã-pimenta. A hortelã é muito usada no Oriente Médio, de onde surgiram receitas que combinam a erva com cordeiro, berinjela, iogurte e frutas secas. É indispensável no quibe, seja ele assado, frito ou cru.

COMBINAÇÃO DE SABORES

O frescor da hortelã é potencializado, por contraste, quando a erva é combinada a ingredientes de sabor intenso, como chocolate amargo, carne crua, queijo feta e cordeiro. Mas também pode levantar sabores mais assemelhados, como o da ervilha, do pepino, do tomate e das folhas verdes da salada. Combina com alimentos neutros, como a batata — na Inglaterra, tradicionalmente, as batatas do purê são cozidas com folhas de hortelã, apenas para aromatizar. Hortelã vai igualmente bem com legumes, em especial com berinjela e cenoura. Coloque também nas frutas! Fica uma delícia na manga, na laranja, no abacaxi, na melancia e no melão (ou na salada de frutas, claro).

PELO MUNDO

A hortelã está muito presente nas receitas do Oriente Médio — o que seria do quibe sem o frescor dessa erva? É essencial no preparo da versão turca da salada de pepino com iogurte. Marroquinos não passam sem o seu chá de hortelã, e britânicos gostam de combinar a erva com batatas e ervilhas, além de servirem cordeiro assado com um molho de hortelã. A Índia também tem molhos com a erva, geralmente usada em parceria com o coentro. Na Tailândia, ela entra na finalização de pratos com carnes diversas.

COMO ESCOLHER

Escolha os maços com folhas bem verdes, firmes e perfumadas. Evite folhas murchas, amareladas ou com manchas escuras.

DICAS

A hortelã oxida e fica escura logo após ser picada. Por isso, o melhor é usar as folhas inteiras ou cortar apenas na hora de servir. O jeito mais fácil de fatiar é empilhar uma folha na outra, enrolar como um charutinho e cortar em tirinhas finas. Coloque algumas folhas de hortelã em fôrmas de gelo e preencha com água. Você vai ter cubos de gelo para aromatizar sucos e drinques.

Jambu *Acmella oleracea*

SEM CALOR FICA MAIS FORTE

A principal característica desta erva de origem amazônica é a curiosa sensação de amortecimento e tremor que ela provoca nos lábios e na língua ao ser consumida. Esse efeito e o sabor ácido peculiares do jambu vêm da espilantina, substância que produz sensação anestésica e salivação. O jambu também é conhecido como agrião-do-brasil, agrião-do-norte, agrião-do-pará, jambuaçu e abecedária. As folhas e os talos devem ser usados frescos e são essenciais no preparo de pratos típicos da região Norte. A cocção ou fritura direta das folhas elimina o efeito de dormência. O arroz cozido com jambu, por exemplo, fica levemente aromatizado e não causa o adormecimento da língua. Se quiser sentir o tremelique, apenas afervente rapidamente a folha ou sirva a erva crua, em saladas.

COMBINAÇÃO DE SABORES
Erva amazônica, o jambu combina com os ingredientes típicos da região, como tucupi, camarão seco, pimenta-de-cheiro e coentrão. Também vai bem com aves, peixes e arroz.

PELO MUNDO
O jambu é coisa nossa! Na região Norte, a sensação de dormência na boca e o tremelique causado pelas folhas dessa erva podem ser conferidos em pratos como pato no tucupi (o caldo feito com mandioca-brava), tacacá (caldo de tucupi com goma de mandioca e camarão seco) e arroz de jambu. Mas, nas casas, até o feijão ganha jambu! As folhas mais jovens vão em saladas, refogados e sucos. As flores, que têm o efeito de dormência ainda mais potente, são usadas para aromatizar cachaça.

COMO ESCOLHER
O jambu deve ser comprado fresco. Evite folhas murchas ou com manchas.

DICA
O jambu pode ser congelado depois de branqueado: mergulhe as folhas rapidamente em água fervente, escorra e passe para um recipiente com água gelada para interromper o cozimento; seque bem e congele em recipientes fechados. A erva vai do congelador diretamente para a panela.

Louro *Laurus nobilis*

GOSTA DE CALOR

O louro dá sabor ao preparo, perfuma os alimentos, mas não costuma ser ingerido — a textura das folhas é muito firme e fibrosa. O sabor e o aroma, com um toque de eucalipto, são estimulados quando a erva passa por algum método de cozimento, por isso as folhas são ótimas para ensopados, cozidos, caldos e assados. O uso pede moderação, porque o louro é poderoso! Uma ou duas folhas é o que basta para aromatizar um panelão. Diferentemente das outras ervas, a versão seca do louro costuma ser mais popular entre os cozinheiros. As folhas frescas são um pouco mais potentes e apresentam um leve amargor.

COMBINAÇÃO DE SABORES
Indispensável na cozinha brasileira, e na de várias outras partes do mundo, o louro é muito versátil. Experimente juntar uma folha no cozimento do arroz, outra na panela de feijão e confira a diferença! Combina com ensopados, tanto de legumes como de carnes (vermelhas e brancas), pode ir no molho de tomate, no molho branco, nos caldos e sopas em geral. E afina-se muito bem com outras ervas, como alecrim, manjerona, orégano e tomilho.

PELO MUNDO
O louro é usado em ensopados em geral, como em *tagines* marroquinas, no *irish stew* (ensopado irlandês) e na *bouillabaisse*, o guisado de peixes francês. Por aqui, o louro é presença certa no preparo do feijão (que não deixa de

ser um ensopado), mas também no arroz de todo dia. É comum na vinha d'alhos, a clássica marinada portuguesa que tempera carnes em geral. Na cozinha francesa, o louro faz parte do *bouquet garni* e do *sachet d'épices*, misturas aromáticas usadas em caldos e sopas.

COMO ESCOLHER
Dê preferência às folhas vendidas ainda presas aos galhos; elas devem ter a coloração verde-escura bem viva. Quanto mais maleáveis estiverem, mais frescas serão. Evite folhas com furos ou manchas amareladas. Ao comprar folhas secas, evite as que estiverem muito quebradas ou com a coloração quase acinzentada — são sinais de que o louro está seco há muito tempo e quase não tem mais aroma.

DICAS
O louro já seco deve ser armazenado num pote com fechamento hermético para não perder o aroma. Se for refogar apenas louro em azeite, sem outros ingredientes, use a versão seca, que, por ter menos umidade, não espirra tanto óleo. As folhas de louro frescas secam em casa, naturalmente, em temperatura ambiente. É comum ter um galho de louro pendurado de ponta-cabeça: perfuma a comida e decora a cozinha.

Manjerona *Origanum majorana*

GOSTA DE CALOR
A manjerona é mais usada na forma seca, que é quando o seu sabor se destaca. No paladar, ela lembra o tomilho e o orégano — neste caso, com sabor mais delicado. É uma das principais ervas da cozinha mediterrânea. Quando fresca, pode entrar na composição do *bouquet garni*, o amarradinho aromático que perfuma caldos, cozidos e sopas. É, portanto, da turma que gosta do calor.

COMBINAÇÃO DE SABORES
Combina perfeitamente com tomate e também com queijos (especialmente muçarela e queijo fresco de cabra) e massas. Aves, carnes (inclusive cortes mais gordurosos de porco), peixes, cogumelos e espinafre são outros bons casamentos. Funciona bem quando associada a outras ervas, como manjericão, orégano, sálvia, salsinha e alecrim. No molho de tomate, é um clássico — e um sucesso.

PELO MUNDO
Na Itália, a manjerona é peça-chave no preparo do molho de tomate. Mas ela aparece em pratos da culinária mediterrânea em geral — é uma das ervas da Provence, combinação francesa que se tornou um tempero famoso. Também vai nas salsichas alemãs e carnes preservadas em geral, assim como no recheio de aves nos Estados Unidos.

COMO ESCOLHER
Ao comprar a versão seca, dê preferência a embalagens fechadas, pois a manjerona tende a perder sabor quando em contato com o ar. Ao comprar a versão fresca, escolha um maço com folhas verdes e evite as murchas, amareladas ou escuras.

Invista no pesto
Quem tem pesto pronto tem jantar expresso (e saboroso) garantido. É só cozinhar o macarrão e misturar ao molho. Lave e seque bem as folhas de 2 xícaras (chá) de manjericão. No processador de alimentos (ou liquidificador), bata primeiro 1½ xícara (chá) de azeite com ½ xícara (chá) de castanha-de-caju torrada e sem sal, 2 dentes de alho descascados e 1 xícara (chá) de queijo parmesão ralado (cerca de 100 g) até triturar. Junte as folhas de manjericão e bata novamente até formar um molho — quanto menos você bater as folhas, mais verdinho o pesto fica. Acerte o sal e use a seguir.

Manjericão *Ocimum basilicum*

NÃO GOSTA DE CALOR

O tipo de manjericão mais encontrado no Brasil é o verde — de aroma herbáceo, forte, perfumado e levemente amargo. O manjericão não gosta de calor — o sabor se dissipa quando a erva passa por algum cozimento longo. O ideal é acrescentá-lo apenas nos últimos minutos do preparo no fogo, ou já no prato. As folhas são tão perfumadas quanto sensíveis, portanto devem ser picadas apenas na hora de usar, pois elas são do tipo que oxida e escurece rapidamente. O basílico é a variedade de folhas maiores, de aroma e sabor mais intensos. Outras variedades: manjericão-roxo, manjericão-folha-de-alface, manjericão-limão, manjericão-miúdo, manjericão-tailandês, manjericão-zátar.

COMBINAÇÃO DE SABORES

Ingrediente icônico da cozinha italiana, o manjericão faz par perfeito com tomate, abobrinha, berinjela, queijos diversos (pensou em muçarela de búfala?) e vinagre balsâmico. Azeite e alho são outros amigos do peito, como prova o pesto genovês. Com um sabor que mistura notas de especiarias, como cravo, e um frescor que remete à hortelã, vai bem com todos os tipos de carne, especialmente peixes, além de levantar pratos com ovos.

PELO MUNDO

A culinária italiana ajudou a espalhar o aroma do manjericão pelo planeta. A erva é a base do pesto genovês, finaliza pizzas e bruschettas e perfuma inúmeras receitas com tomate. Fora da Europa, o manjericão também é um ingrediente importante na cozinha tailandesa: faz parte de curries e outros pratos tradicionais, como o *pad kra pao* (frango moído refogado e apimentado). Na Índia, entra no curry e perfuma o lassi, bebida refrescante com iogurte.

COMO ESCOLHER

Escolha folhas brilhantes, sem manchas, e evite as amareladas ou murchas. Se não planejar usar as flores, dê preferência aos ramos em que elas não aparecem. As flores tendem a "roubar" o aroma e o sabor das folhas.

DICAS

Preparar um molho pesto é a melhor forma de conservar e aproveitar o manjericão. Mas não é a única. Você pode preparar uma manteiga composta ou congelar em fôrmas de gelo com um pouco de azeite. Os cubinhos de azeite com manjericão (somente as folhas) só devem ser usados para finalizar as preparações ainda na panela. Por exemplo, depois de refogar a cenoura ou a abobrinha, misture um cubo de azeite com manjericão. Ele descongela e deixa os legumes perfumados sem que o manjericão cozinhe demais, o que faria seu sabor se perder. As flores do manjericão também podem ser usadas na culinária. Elas têm sabor ainda mais intenso do que as folhas, com um toque levemente picante. Debulhe esfregando o ramo entre os dedos e salpique no prato.

Orégano *Origanum vulgare*

GOSTA DE CALOR

Contrariando todas as regras sobre ervas frescas, o orégano é mais usado na forma seca, em que expressa melhor seu aroma e o sabor pungente, quente e levemente amargo. Com folhas pequenas, bem verdinhas, o orégano fresco é muitas vezes confundido com a manjerona, da qual é parente próximo — ambos gostam de calor e costumam ser adicionados no início do preparo do molho de tomate. A versão seca também encara o refogado, o cozimento e pode até formar com outras ervas secas uma crosta para o filé de salmão na frigideira. Pode igualmente entrar em finalizações e preparos frios, como o molho chimichurri. Automaticamente associada à pizza no Brasil, esta erva costuma dar sua contribuição a molhos para saladas, receitas com carne (é ótima em ragus), aves e legumes — transforma o sabor do chuchu refogado e combina especialmente com legumes assados ou grelhados.

COMBINAÇÃO DE SABORES

O orégano complementa o sabor de legumes como tomate, pimentão, batata e abobrinha, e casa também com cogumelos e feijões. Fica ótimo com queijos, azeitona, alho e limão. Combina com todos os tipos de carne e é uma excelente escolha para temperar ovos.

PELO MUNDO

Na Grécia, é muito usado em preparações com cordeiro e frango — até a moussaka, prato emblemático do país, leva uma pitada de orégano. A erva também é essencial no chimichurri, o molho que acompanha o churrasco na Argentina e no Uruguai.

COMO ESCOLHER

Ao comprar a versão seca, dê preferência a embalagens fechadas, pois o orégano tende a perder sabor quando fica muito tempo em contato com o ar. Se for comprar a versão fresca, escolha um maço com folhas verdes e evite folhas murchas, amareladas ou escuras.

DICA

Para que a versão seca libere melhor o sabor, misture o orégano em azeite ou outros líquidos.

Salsinha *Petroselinum crispum*

NÃO GOSTA DE CALOR (MAS AGUENTA UM POUCO)

Um dos temperos mais usados pelo mundo, as folhas da salsinha têm um frescor que combina com uma infinidade de receitas. Até sozinha e bem temperada vira uma saladinha refrescante. Faz parte do grupo das ervas que não gostam de calor — fica melhor quando usada no fim do preparo ou finalizando o prato. As folhas podem ser usadas inteiras ou bem picadinhas. Uma exceção à regra: os talos da salsinha são usados no *bouquet garni* para o preparo de caldos caseiros.

COMBINAÇÃO DE SABORES

A salsinha está longe de ser insípida, mas tem um sabor herbal genérico, que não briga com quase ninguém. Por isso, pode acompanhar desde ingredientes de sabor forte, como alcaparra e alho, até peixes de sabor delicado e vegetais como batata e cenoura, emprestando a eles seu frescor. Com limão e azeite, faz ótimos molhos. Não pode faltar no vinagrete de tomate e combina ainda com carne vermelha, carne de porco, aves, cogumelos, cereais e grãos, como milho e feijão-fradinho.

PELO MUNDO

Versátil que só ela, a salsinha é erva de todo dia no Brasil e em muitos outros países. Na culinária italiana, é a base da gremolata, tempero que mistura a erva com alho e raspas de limão e costuma ser servido com ossobuco. Na França, bem picadinha com alho, ganha nome próprio, a *persillade*, uma mistura usada em inúmeras preparações, de ostras a escargots, passando pela batata. Também marca presença no Oriente Médio: salsinha e hortelã, tradicionalmente, devem ter mais destaque que o trigo no tabule.

COMO ESCOLHER
Evite maços com folhas amareladas, murchas ou com manchas escuras.

DICAS
Para picar fininho, seque bem as folhas. Fica mais fácil também na hora de polvilhar no prato. Você pode congelar a salsinha já picada num pote de vidro (quanto mais secas estiverem as folhas, melhor). Na hora de usar, é só raspar com um garfo direto na panela. Quando congelada, pode ser usada para finalizar um cozimento ainda na panela, não direto no prato.
Se preferir, congele a salsinha picada em forminhas de gelo com água. Os cubos podem ser usados para finalizar sopas ou cozidos.

Sálvia *Salvia officinalis*

GOSTA DE CALOR

Esta é uma erva que não apenas gosta mas precisa do calor! As folhas longas e aveludadas da sálvia, quando cruas, têm um sabor ligeiramente medicinal e amargo. Por isso precisam passar por algum tipo de cozimento. É o caso do molho de manteiga e sálvia, que combina tão bem com nhoque. O sabor lembra o da parte branca da casca do limão, mas o aroma é de eucalipto. A graça desta erva é que ela consegue ser ao mesmo tempo refrescante e fechada.

COMBINAÇÃO DE SABORES
O sabor afiado da sálvia combina com alimentos naturalmente "amanteigados", como abóbora, feijão-branco, queijos, cortes mais gordurosos de porco ou mesmo presunto cru, cordeiro e fígado. A erva também complementa o sabor de aves e legumes como berinjela, aspargo e cebola. Na manteiga, vira um excelente molho de macarrão em tempo recorde.

PELO MUNDO
Na culinária italiana, a sálvia se destaca em pratos como a saltimboca, faz parceria com a abóbora em recheios para massas e risotos e compõe um tradicional prato toscano com feijão-branco e tomate. Combinada com cebola e migalhas de pão, a sálvia é o destaque de um recheio clássico para aves, especialmente o peru, nos Estados Unidos e no Reino Unido, onde também costuma ser usada na produção de linguiças e outros embutidos.

COMO ESCOLHER
As folhas devem estar planas, verdes e sem manchas brancas ou acinzentadas. Evite folhas murchas ou enrugadas. A erva pode ser encontrada também na versão seca, mas as folhas perdem praticamente todo o sabor e não valem a pena para o uso na cozinha — exceto em chás medicinais.

DICAS
Você pode congelar folhas picadas de sálvia em forminhas de gelo cobertas com azeite. Os cubinhos vão do congelador direto para a panela. A sálvia é uma ótima opção para preparar a manteiga composta, quando usada para cozinhar (veja a dica para fazer em casa logo mais). Não funciona bem para passar no pão, pois a erva vai estar crua na manteiga.

Gelo decorado com ervas
A versão decorada do gelo pode ser usada em drinques, na água aromatizada e até fazer parte da decoração da festa. Coloque os galhos de ervas frescas nas cavidades de uma fôrma para gelo. Cubra com água filtrada e leve ao congelador por, pelo menos, 3 horas para firmar. Mas quais ervas usar? Solte a imaginação! Explore as combinações de ervas que quiser. Você é livre, meu amor!

Segurelha *Satureja hortensis* e *Satureja montana*

GOSTA DE CALOR

Erva nativa do Mediterrâneo, a segurelha tem folhas miudinhas bastante aromáticas. O perfume lembra o do tomilho e pode remeter também a uma menta apimentada. É mais facilmente encontrada na versão seca. Pode comprar numa boa, pois a segurelha mantém boa parte do aroma ao ser desidratada. Da turma que gosta do calor, ela entra em marinadas e também aromatiza ensopados. É um dos componentes da mistura de ervas da Provence. Em alguns casos, pode ser usada crua.

COMBINAÇÃO DE SABORES
Leguminosas como feijão, ervilha, lentilha, fava, além de cogumelo e batata, são combinações certeiras para a segurelha. A erva vai bem com todos os tipos de carne, especialmente com frango, e é ótima para dar sabor e aroma a ensopados substanciosos. Também é uma boa opção para receitas com peixes, em particular os assados e grelhados. Pode substituir o tomilho em vários pratos.

PELO MUNDO
Do Mediterrâneo para o mundo: na região da Acádia, no Canadá, a erva aparece em pratos comemorativos feitos com frango e também em tortas. Os romanos costumavam usar a segurelha no lugar do sal — eis uma ideia.

COMO ESCOLHER
Quando comprada fresca, prefira as folhas verdes, intactas, bem presas ao caule, que desprendam um aroma fresco. Evite se notar manchas pretas ou se a erva estiver murcha.

Shissô *Perilla frutescens*

COM E SEM CALOR

Esta erva originária da Ásia é também conhecida como manjericão-japonês. Com aroma que lembra o da hortelã, é ótima para o preparo de infusões — combinada com limão, rende drinques refrescantes com um belo tom rosado. As folhas secas em pó e as sementes, secas e moídas, são usadas na finalização de alguns pratos. Em restaurantes japoneses, a erva aparece na decoração das porções de sashimi — e não só pode como deve ser consumida com as fatias de peixe cru. As folhas frescas inteiras também podem envolver miniporções de arroz e outras preparações que são degustadas com as mãos. Para preservar o aroma e o sabor do shissô, o ideal é usar a erva *in natura*. Mas ela também pode entrar em sopas, refogados e até virar um tempurá ultracrocante. É essencial no preparo do *umeboshi*, tradicional conserva de ameixa salgada.

COMBINAÇÃO DE SABORES
As folhas de shissô agregam frescor a receitas com shoyu, arroz japonês, peixe e ovas. Ajudam a quebrar o ardor do wasabi e de pimentas vermelhas. Combinam ainda com frutos do mar, pepino, nabo e limão.

PELO MUNDO
O Japão domina o uso do shissô, mas a erva também aparece no Vietnã, em saladas, cozidos e picles. Na parte sul da China, há versões de bao feitas com shissô. Na Coreia do Sul, ela aparece marinada em molho de soja, alho e pimenta, para ser servida com arroz.

COMO ESCOLHER
O shissô pode ser encontrado na variedade verde ou vermelha. Esta última tem as folhas arroxeadas ou mescladas de verde e roxo. A erva é vendida em maços ou com as folhas já destacadas. Em todos os casos, escolha as folhas com aspecto fresco e sem machucados.

Você vai se amarrar nesse sabor

O *bouquet garni*, invenção dos franceses, é uma mistura clássica de ervas usada para aromatizar caldos, sopas e molhos, entre outras preparações. Tradicionalmente, ele leva tomilho, ramos de salsinha e louro, que são amarrados com um barbante, para que possa ser retirado da panela depois de ter emprestado seus sabores e aromas para a receita. Para facilitar o processo, faça a amarração com um barbante sem tintura, próprio para uso culinário, e longo o suficiente para ser preso ao cabo da panela.

Tomilho *Thymus vulgaris*

GOSTA DE CALOR

Prima elegante do orégano, esta erva de folhas miúdas faz parte do grupo das que gostam de calor. Seu aroma é intenso e quente, herbáceo, com notas cítricas e de menta. Tudo isso é potencializado após o tomilho passar por algum método de cozimento. Amarrado com outras ervas, o tomilho é usado como base aromática para caldos, cozidos e sopas — compõe o famoso *bouquet garni*. Pode ser encontrado em diferentes variedades, com tamanho, aroma e sabor distintos. As mais conhecidas são o tomilho comum, que tem um aroma mais forte e o sabor picante, e o tomilho-limão, que, como o nome já entrega, tem aroma e sabor mais frescos e cítricos.

COMBINAÇÃO DE SABORES

O tomilho combina com todos os tipos de carne, sejam elas assadas ou cozidas (ele perfuma o clássico *boeuf bourguignon*). Complementa o sabor de vários vegetais, como tomate, cenoura, cebola, berinjela, milho, repolho, abobrinha, cogumelos e feijões. Casa muito bem com queijo de cabra e também pode ser associado com sabores doces e cítricos, como mel e laranja.

PELO MUNDO

Amplamente usado na cozinha francesa, o tomilho é uma das ervas imprescindíveis no *bouquet garni*, que aromatiza caldos, cozidos e sopas. Vai até em pratos frios, como a tapenade, o patê de azeitonas. Os escandinavos também são fãs do tomilho: usam a erva em carnes e vegetais cozidos e assados. No Oriente Médio, o tomilho é fundamental para dar sabor ao zátar, a mistura de ervas e especiarias que tempera a esfiha e várias outras especialidades da cozinha árabe.

COMO ESCOLHER

Evite maços com folhas amareladas, escuras ou ressecadas.

DICAS

O tomilho pode ser congelado, mas o aroma e o sabor ficam mais fracos. Os ramos vão direto do congelador à panela para o preparo de cozidos, caldos e ensopados. Se quiser um sabor mais sutil, use raminhos inteiros do tomilho. Se preferir um sabor mais acentuado, use as folhas debulhadas.

Combinações que deram muito certo

Cheiro-verde *Mistura de ervas*

CALOR, SÓ SE FOR RÁPIDO

É a combinação de ervas mais comum na comida caseira brasileira. A composição muda de acordo com a região. No Sul e Sudeste do país, cheiro-verde é cebolinha + salsinha. No Norte e Nordeste, cebolinha + coentro, e, mais especificamente no Pará, cebolinha + coentro + coentrão (ou chicória-do-pará). O sabor é fresco, de "verde", por isso o nome. Deve ser usado na etapa final dos preparos (cozimento mais rápido) ou na finalização das receitas. Ensopados, sopas, refogados: são inúmeros os pratos da cozinha brasileira que ficam mais gostosos e apetitosos com esse verdinho por cima.

COMBINAÇÃO DE SABORES

Difícil é achar com que o cheiro-verde não combina! A junção de salsinha + cebolinha vai bem com carnes de todos os tipos, legumes e preparações com arroz, como a clássica galinhada e o baião-de-dois, só para citar alguns exemplos. A combinação de cebolinha + coentro ou de cebolinha + coentro + coentrão é igualmente versátil e enriquece especialmente peixes e pratos mais apimentados.

COMO ESCOLHER

Prefira os ramos inteiros e pique apenas no momento de usar. Evite comprar o cheiro-verde já picado, pois as ervas perdem o sabor e o aroma e escurecem.

Ervas da Provence *Mistura de ervas*

GOSTAM DE CALOR

As ervas da Provence formam uma mistura clássica francesa de ervas secas de sabores mais fortes. Essa mistura é composta de semente de erva-doce, lavanda, manjerona, alecrim, louro, sálvia, tomilho e segurelha. Algumas variações podem apresentar menos tipos de ervas, mas a presença da lavanda é considerada essencial.

COMBINAÇÃO DE SABORES

A mistura de ervas é usada para dar sabor a carnes grelhadas, aves ou legumes assados e ensopados. Um de seus usos clássicos é na receita de tomates à provençal.

Ervas finas *Mistura de ervas*

GOSTAM DE POUCO CALOR

Mistura clássica francesa de ervas secas, composta de cerefólio, cebolinha, louro, tomilho e estragão. Outras ervas podem ser incluídas, como endro ou manjerona. Recomenda-se que a mistura seja adicionada no fim do preparo, para não dissipar os aromas.

COMBINAÇÃO DE SABORES

As ervas finas são muito usadas em pratos com ovos (omelete com ervas finas é um clássico), frango, peixe e molhos.

DICAS

Por ser uma mistura de ervas secas, requer poucos cuidados, e a durabilidade é longa. Mantenha num pote de vidro bem fechado, longe de fontes de calor ou da luz do sol.

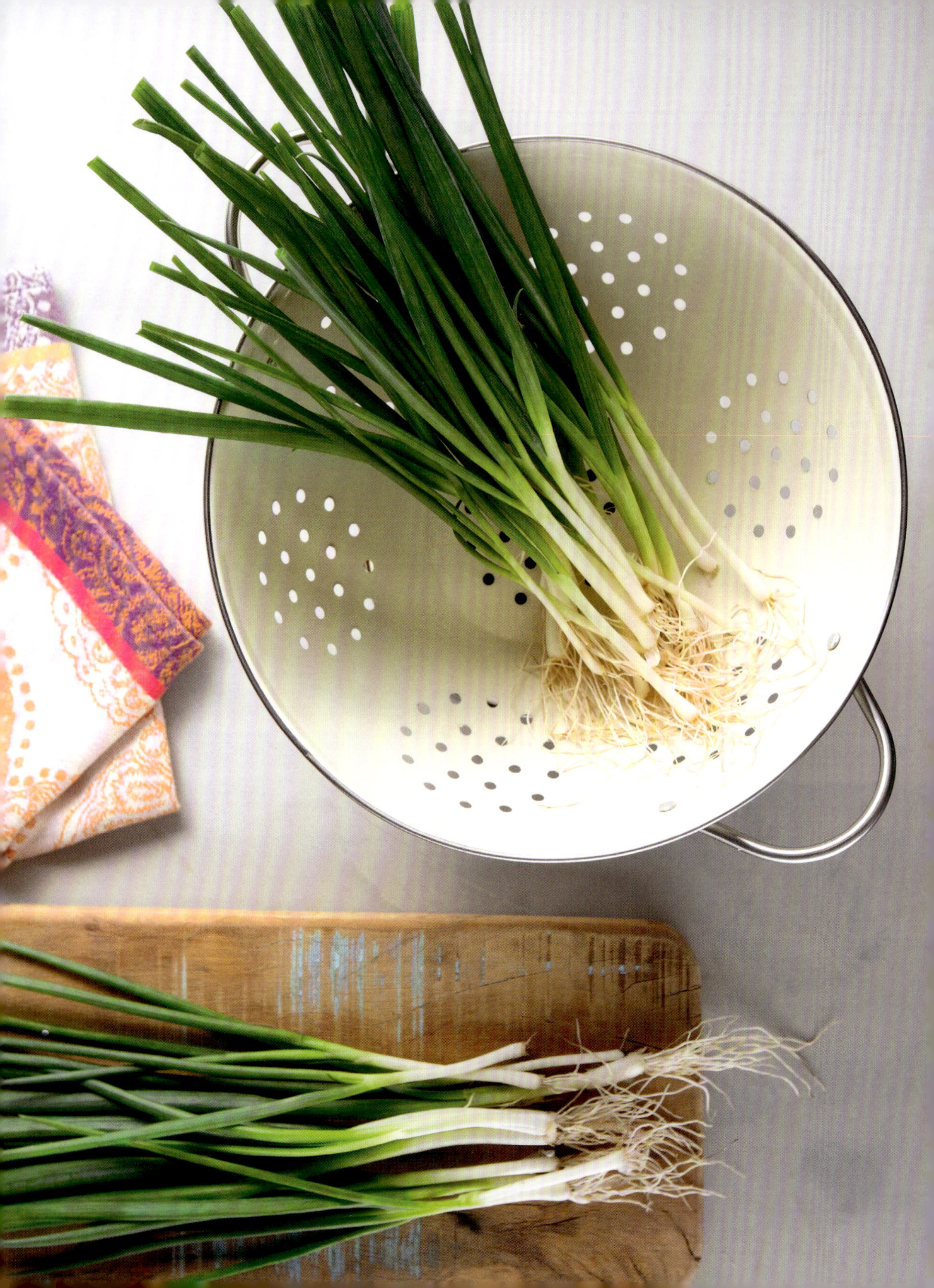

COMO HIGIENIZAR E ARMAZENAR
Ervas que murcham antes que você consiga usar o maço todo? Basta!

Chegou a hora de aproveitar muito bem, e até o fim, os maços de salsinha. E não só os de salsinha, que geralmente terminam a vida esquecidos na gaveta da geladeira (quem nunca?). As ervas frescas são sensíveis ao frio, mas precisam ser conservadas em geladeira, senão murcham rapidinho. O melhor a fazer é higienizar, deixar secar bem e depois escolher um método para conservar as folhas. A seguir, você vai ver dicas e opções que vão melhorar, e muito, o aproveitamento das ervas na cozinha de casa. Cozinhar fica muito mais prático quando se tem ervas frescas prontas para o uso. É pegar e usar, sem escalas.

HIGIENIZE CORRETAMENTE
➡ Antes mesmo de lavar, descarte folhas escurecidas ou amareladas. Coloque em uma tigela com água e chacoalhe para que as sujeirinhas se soltem. Deixe descansar por alguns minutos para que elas decantem.
➡ Retire as ervas da água (assim as sujeiras ficam no fundo da tigela) e descarte o excesso de talos, se não for usá-los.
➡ Seque bem: use uma centrífuga de verduras ou embale as ervas num pano de prato limpo; segure cada ponta com uma mão e torça levemente girando o pano nele mesmo. Pode deixar escorrer e terminar de secar com papel-toalha. Seja qual for o método, elas devem estar realmente secas, sem vestígio de umidade, para durar mais tempo depois de armazenadas.

ARMAZENE COMO UM PROFISSIONAL
➡ Ervas higienizadas e secas? Forre com uma folha de papel-toalha o fundo de um pote com tampa. Disponha as ervas e, se necessário, intercale com uma ou mais folhas de papel-toalha. Tampe e conserve na geladeira.
➡ Se você tiver potes altos e eles couberem na geladeira, melhor ainda, porque as ervas vão ficar de pé e não vão amassar. Eles ainda têm mais uma vantagem: retêm a umidade no ambiente, criando um microclima que preserva a erva. Nesse caso, nem precisa do papel-toalha.
➡ Também dá para guardar as ervas na geladeira usando saquinhos plásticos próprios para congelar, por exemplo. Envolva cada qualidade de erva em uma folha ou duas de papel-toalha, coloque no saquinho e faça um balão com o saco antes de fechar bem: torça as pontas e amarre uma na outra sem tirar todo o ar interno — isso impede que as folhas fiquem amassadas.
➡ Em qualquer caso, atenção ao excesso de frio: as ervas precisam ficar longe das paredes da geladeira para não queimar nem congelar.

CONGELAR É POSSÍVEL
➡ Em fôrmas de gelo limpas e secas, congele alecrim, manjericão, sálvia e tomilho picados, cobrindo antes com azeite (vão direto para a panela).
➡ Salsinha e cebolinha podem ser congeladas já picadas e secas em um pote pequeno com tampa; depois, é só abrir e raspar uma porção com um garfo para finalizar um preparo direto na panela (não funcionam para uso fresco).
➡ Congele hortelã inteira na forminha de gelo cobrindo com água (é ótimo para fazer sucos, drinques e jarras de água saborizada).

SECAR É UMA BOA IDEIA
➡ Além de guardar na geladeira e congelar, há outro jeito de conservar a erva que sobrou daquele maço da feira: secar. Dá para fazer em casa, no micro-ondas, fácil, fácil, com ervas já higienizadas e enxutas.
➡ Coloque duas folhas de papel-toalha em um prato. Distribua as ervas e cubra com mais papel-toalha. Elas têm que ir para o micro-ondas em potência média por 30 segundos. Dê uma olhadinha e deixe rodar por mais 30 segundos, e assim por diante, até desidratarem. Não vá de uma vez só; como as folhas têm tamanhos diferentes, podem esturricar. Depois, é só deixar esfriar antes de usar ou de guardar.
➡ Para guardar, também tem truque: o melhor é usar potes de vidro bem secos e bem fechados. O mesmo vale para as ervas que você já compra secas. Se vierem no saquinho, troque para o pote de vidro depois de abrir. Elas não gostam nem de umidade nem de calor — é melhor guardar longe do fogão e do forno elétrico.

Manteiga composta

Esta dica é do tipo três em um: a manteiga composta conserva as ervas por mais tempo, rende uma preparação diferente para passar no pão e ainda um tempero ótimo para refogar, finalizar massas ou incrementar o filé de frango, o bife ou a porção de legumes. Para fazer em casa, comece deixando a manteiga em temperatura ambiente. Quando estiver em ponto de pomada, misture as ervas de sua escolha bem picadas. Pode ser um tipo só, como salsinha, ou uma combinação delas. Acrescente sal e pimenta-do-reino. Misture e transfira para um pedaço retangular de filme ou papel-manteiga. Enrole cuidadosamente formando um cilindro e apertando as pontas como se fosse um bombom. Leve à geladeira até firmar (se quiser acelerar o processo, coloque no congelador por 1 hora). A manteiga composta pode ser conservada por até 3 meses no congelador.

Azeite aromatizado

Azeite aromatizado vira até presente. Existem apenas dois segredos para prepará-lo. O primeiro é garantir que os ingredientes e a garrafa na qual você vai armazenar o azeite estejam completamente secos — a umidade cria mofo e, se isso acontecer, tudo estará perdido. O segundo é que o azeite precisa ser aquecido, mas não fervido, para ser capaz de extrair o aroma das ervas. Duas combinações que já testei e funcionam bem: tomilho com raspas de limão-siciliano (amasse no pilão com um pouco de azeite e depois misture com o óleo aquecido) e ramos inteiros de alecrim com casca de limão-siciliano (não extraia a parte branca, que amarga a receita).

A manteiga composta transforma o sabor de grelhados, como o peito de frango.

5 motivos para ter uma horta em casa

Bem do seu tamanho
Você pode ter ervas num cantinho da cozinha, na janela, na varanda, no muro. Elas só precisam de um ambiente ventilado e de iluminação natural (nem é necessário que seja sol direto). Para facilitar, compre as mudas já plantadas em vasinhos.

Livre de pesticidas
Quer comida mais natural do que aquela que você mesmo planta, rega e colhe? Impossível. As ervas se dão bem em casa sem precisar de nenhum tipo de agrotóxico. Dica: a poda fortalece a planta. Na hora de colher, não debulhe; corte com tesoura.

Antidesperdício
Mesmo que não durem para sempre, certamente vivem mais do que as ervas já colhidas. Fora que é muito chato ver o resto do maço que você comprou amarelar na geladeira. Com as ervas plantadas, você tira só o que realmente vai usar na receita da vez e garante frescor na alimentação todo dia.

A hortinha decora
Além de fazerem diferença nos pratos, as ervas dão um charme especial à cozinha. Também podem colorir e perfumar a varanda ou a janela.

Horta inspira!
Quem cultiva ervas em casa não se contenta em usar só salsinha e cebolinha nas receitas. Variar os alimentos na mesa é uma das regras da alimentação saudável de verdade.

RECEITAS

Salada morna de tomate com manjericão

O manjericão faz par perfeito com o tomate e o vinagre balsâmico nesta receita versátil. Sirva como entradinha, com uma fatia de pão italiano ou como acompanhamento de diferentes pratos.

TEMPO DE PREPARO 20 minutos
RENDE 6 porções

2½ xícaras (chá) de tomate sweet grape (cerca de 500 g)
1 cebola-roxa
2 colheres (sopa) de vinagre balsâmico
2 ramos de manjericão
1½ colher (sopa) de azeite
sal e pimenta-do-reino moída na hora a gosto

1 Descasque e corte a cebola em meias-luas finas. Lave e seque os tomates e as folhas de manjericão. Corte cada tomate ao meio.
2 Leve uma frigideira grande ao fogo médio. Quando aquecer, regue com o azeite, adicione a cebola, tempere com uma pitada de sal e refogue por 2 minutos, até murchar. Acrescente os tomates e deixe cozinhar por 3 minutos, mexendo de vez em quando, até que fiquem levemente macios — cuidado para não cozinhar demais, senão eles se desmancham.
3 Desligue o fogo, regue com o balsâmico e tempere com sal e pimenta a gosto. Misture as folhas de manjericão, transfira para um prato e regue com um fio de azeite. Sirva a seguir.

Pasta de ervilha com abacate e coentro

Esta pastinha tem uma combinação de sabores surpreendente. O avocado, levemente adocicado, ganha o frescor da ervilha e a potência do coentro. Sirva com torradas, pães ou crudités de legumes.

TEMPO DE PREPARO 25 minutos
RENDE 6 porções

300 g de ervilha congelada
3 avocados maduros
1 maço de folhas de coentro
(¾ de xícara [chá] de folhas)
2 colheres (sopa) de azeite
caldo de 2 limões
sal a gosto

1 Lave e seque as folhas de coentro. Reserve um ramo para a decoração e pique o restante grosseiramente.
2 Leve ao fogo médio uma frigideira grande. Quando aquecer, regue com o azeite, junte as ervilhas e mexa por 2 minutos para descongelar.
3 Transfira as ervilhas para uma tigela grande. Regue com o caldo de 1 limão, junte as folhas de coentro picadas e bata com o mixer até formar um purê rústico (se preferir, bata no processador).
4 Descasque, descarte o caroço e junte os avocados ao purê de ervilha. Amasse e misture bem com um garfo. Tempere com o caldo de limão restante e o sal a gosto.
5 Transfira a pasta para uma tigela, regue com mais azeite e decore com folhas de coentro. Sirva a seguir.

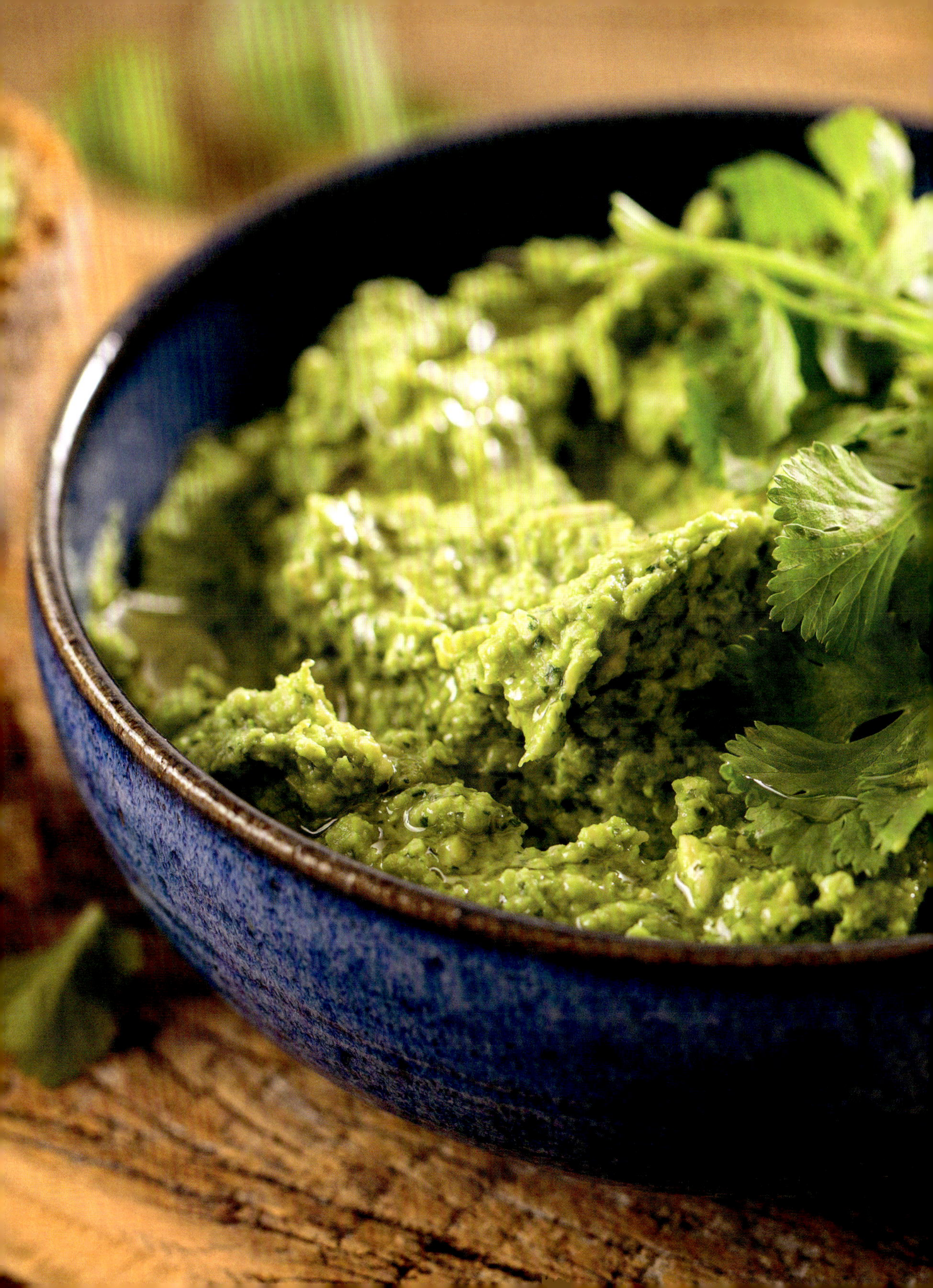

Pão asiático de frigideira

Parece uma panqueca, mas tem textura crocante e é levemente folhado. Este pão de frigideira é ideal para comer com pastinhas ou ensopados, como o curry de peixe da p. 150.

TEMPO DE PREPARO 2 horas
RENDE 8 pães

2¼ de xícara (chá) de farinha de trigo
¾ de xícara (chá) de água
1 colher (chá) de sal
4 colheres (chá) de gergelim branco
4 talos de cebolinha fatiados
óleo a gosto

1 Numa tigela grande, misture a farinha de trigo com o sal. Abra um buraco no centro e vá acrescentando a água aos poucos, mexendo bem com uma espátula ou colher de pau para incorporar.
2 Na própria tigela, sove a massa por cerca de 5 minutos: aperte, amasse, estique e amasse novamente, até atingir uma textura macia e elástica. Se preferir, sove a massa na bancada — no início a massa é um pouco resistente e pegajosa, mas vai ficando mais macia durante a sova. Se precisar, polvilhe um pouco de farinha de trigo para não grudar (cuidado: é bem pouco mesmo, se colocar farinha em excesso o pão vai ficar duro).
3 Na bancada ou sobre uma tábua, modele a massa para formar uma bola. Unte a tigela com uma camada fina de óleo (nem precisa lavar, apenas tire o excesso de farinha que tiver sobrado) e volte a massa para a tigela. Cubra com um pano (ou filme) e deixe descansar por 1 hora em temperatura ambiente — a massa não leva fermento, portanto não vai crescer; o descanso é necessário para relaxar o glúten e ficar menos resistente na hora de abrir os pães.
4 Passado o tempo de descanso, transfira a massa para a bancada e modele um cilindro. Com uma espátula de padeiro (ou faca) divida em 8 pedaços iguais. Cubra com um pano úmido para não ressecar.
5 Para abrir e modelar cada pãozinho: unte a bancada com um pouco de óleo. Com um rolo de macarrão, abra um pedaço da massa formando um retângulo fino (cerca de 18 cm × 14 cm). Com a mão, espalhe ¼ de colher (chá) de óleo na massa, polvilhe ½ colher (chá) de gergelim e ½ colher (chá) de cebolinha fatiada. Partindo do lado maior do retângulo, enrole a massa bem apertadinho, como se fosse um rocambole. Em seguida, forme um caracol, enrolando o cilindro sobre ele mesmo — vão surgir algumas bolhas dentro da massa, não se preocupe, é justamente isso que deixa o pãozinho crocante. Coloque a ponta do rolinho para baixo do caracol e pressione levemente para fixar. Cubra o rolinho com o pano úmido para não ressecar e repita o processo com o restante da massa, untando a bancada com óleo sempre que necessário.
6 Leve uma frigideira média antiaderente ao fogo médio para aquecer. Enquanto isso, unte a bancada com óleo e, com o rolo, abra um caracol de massa formando um disco fino (com cerca de 20 cm de diâmetro). Quando a frigideira estiver quente, regue com ½ colher (chá) de óleo, coloque o disco de massa e deixe dourar por 2 minutos — surgem bolhas na superfície da massa e o lado em contato com a frigideira fica levemente tostado. Com uma pinça, vire o pão e deixe dourar o outro lado por mais 2 minutos.
7 Transfira o pão para um prato e repita a operação com o restante da massa, regando a frigideira com óleo a cada leva — não cubra os pães dourados; quando abafados ficam macios em vez de crocantes. Assim que você pegar o jeito, enquanto um pão estiver na frigideira você pode abrir o próximo e ir repetindo esse balé para ganhar tempo. Sirva a seguir.

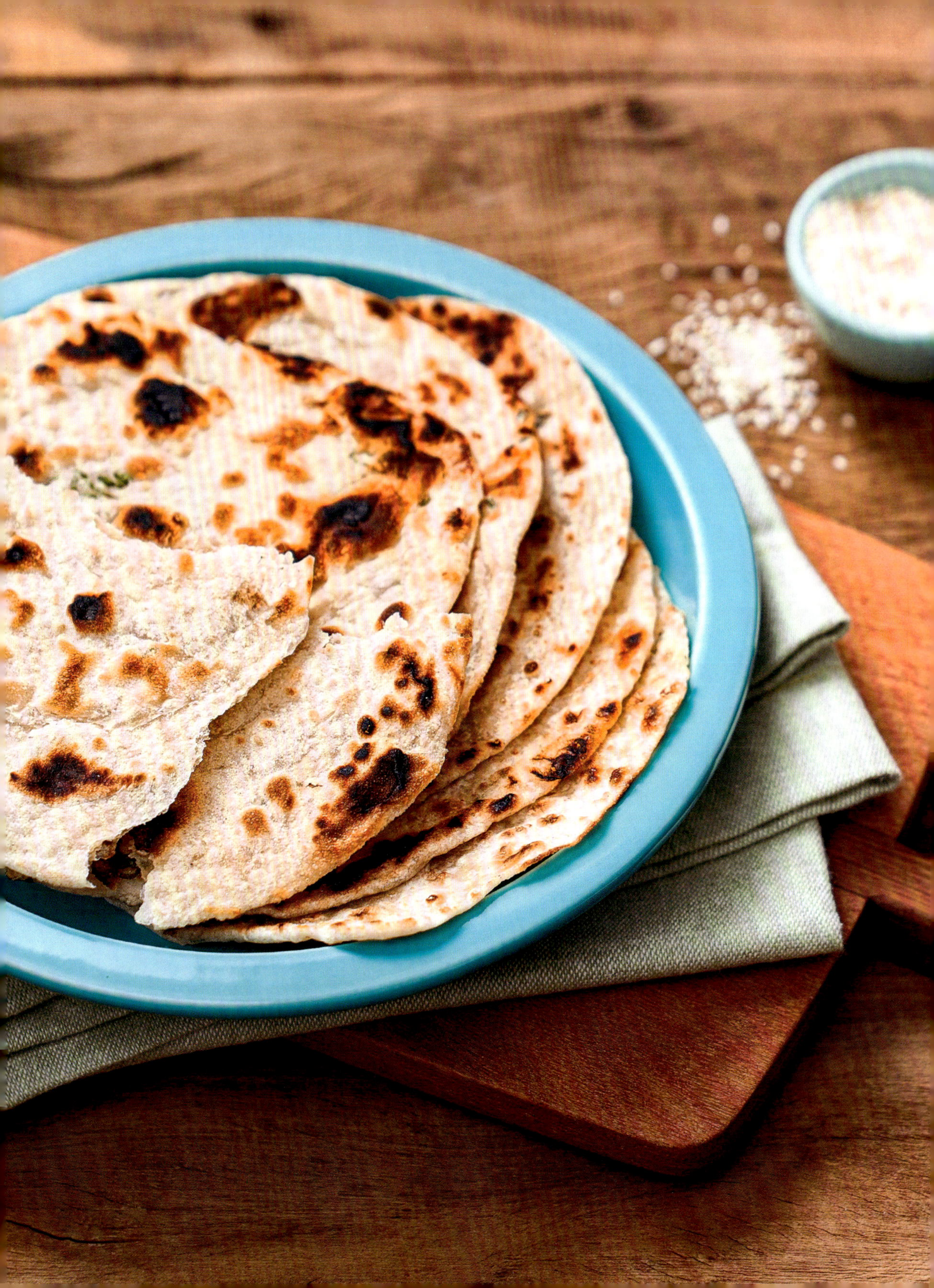

Salada de arroz com pepino, uva-passa, hortelã e salsinha

Mistura maravilhosa de texturas poderia ser o nome desta receita. O arroz sete cereais fica delicioso com a crocância e o frescor do pepino; tem ainda a uva-passa, o molho agridoce e o toque picante do gengibre. O melhor é que dá para fazer até um dia antes de servir. É prática, fresca e festiva.

TEMPO DE PREPARO 40 minutos
RENDE 8 porções

2 xícaras (chá) de arroz sete cereais
2 colheres (chá) de sal
2 pepinos japoneses
½ xícara (chá) de uvas-passas brancas
6 xícaras (chá) de água
½ xícara (chá) de vinagre de vinho branco
½ xícara (chá) de azeite
¼ de xícara (chá) de mel
1 colher (chá) de gengibre ralado
pimenta-do-reino moída na hora a gosto
6 ramos de hortelã
4 ramos de salsinha

1 Numa panela média, leve a água ao fogo alto para ferver. Adicione 2 colheres (chá) de sal, junte o arroz e diminua o fogo para médio. Deixe cozinhar por cerca de 20 minutos — os grãos devem estar cozidos mas ainda firmes. Enquanto o arroz cozinha, prepare o restante dos ingredientes.
2 Com uma escovinha para legumes, lave os pepinos sob água corrente e seque bem. Descarte as pontas e corte os pepinos ao meio no sentido do comprimento. Com a ponta de uma colher, raspe e descarte as sementes. Corte cada metade em tiras de 1 cm e as tiras em cubos de 1 cm.
3 Lave e seque as folhas de hortelã e de salsinha e reserve algumas folhas inteiras para decorar. Na tábua, empilhe as folhas de hortelã, enrole e fatie fino. Pique grosseiramente a salsinha.
4 Para o molho: num pote (que tenha tampa), coloque o azeite, o vinagre, o mel, o gengibre ralado, as ervas picadas e uma pitada de sal e de pimenta. Tampe e chacoalhe bem para misturar.
5 Assim que o arroz estiver cozido, escorra por uma peneira e passe sob água corrente para esfriar e cessar o cozimento. Deixe escorrer bem a água e transfira para uma tigela.
6 Adicione o pepino e a uva-passa; regue com o molho e misture bem. Sirva a seguir com as folhas de hortelã e salsinha reservadas. Se preferir, mantenha a salada na geladeira até 1 dia antes de servir (nesse caso, finalize com as folhas inteiras de salsinha e hortelã na hora).

Tabule de ervas com laranja

O tabule é um prato cheio de frescor e alguns segredinhos: o trigo não deve ficar muito tempo de molho para não empapar, e as ervas devem ir para a receita lavadas e bem sequinhas. Esta versão ganha ainda um toque especial: o ácido do sumac, especiaria que lembra a mistura da páprica com o limão.

TEMPO DE PREPARO 1 hora e 30 minutos
RENDE 6 porções

1 xícara (chá) de trigo para quibe
3 tomates
2 maços de salsinha (cerca de 2 xícaras [chá] de folhas e talos finos)
1 maço de coentro (cerca de 1 xícara [chá] de folhas e talos finos)
2 maços de hortelã (cerca de 1 xícara [chá] de folhas)
raspas de 2 laranjas-baía
½ xícara (chá) de caldo de laranja-baía peneirado
1 colher (sopa) de caldo de limão
¼ de xícara (chá) de azeite
1 colher (sopa) de mel
1 colher (sopa) de sumac
2 colheres (chá) de sal
pimenta-do-reino moída na hora a gosto

1 Numa tigela, coloque o trigo, cubra com água (cerca de 1½ xícara [chá] é suficiente) e deixe hidratar por 30 minutos. Enquanto isso, separe o restante dos ingredientes.
2 Lave e seque os tomates. Corte cada um ao meio, descarte as sementes e corte as metades em cubos de 0,5 cm. Lave e seque bem as ervas — quanto mais sequinhas estiverem, melhor para picar e misturar ao tabule. Pique grosseiramente a salsinha e o coentro. Empilhe algumas folhas de hortelã, enrole formando um charutinho e fatie fino.
3 Num pote de vidro (com tampa) coloque o caldo da laranja, o caldo de limão, o azeite, o mel, o sumac, o sal e uma pitada de pimenta-do-reino. Tampe e chacoalhe bem para misturar.
4 Forre uma peneira com um pano de prato limpo e escorra o trigo. Una as pontas do pano e torça bem para tirar o excesso de água.
5 Transfira o trigo para uma tigela grande. Adicione as ervas, as raspas de laranja, o molho e misture bem. Junte o tomate e misture delicadamente. Sirva a seguir ou mantenha coberto na geladeira por até 2 horas. Regue com bastante azeite na hora de servir.

Quiabada com abóbora, couve-flor e coentro

A quiabada é um ensopado típico da cozinha baiana. Esta versão sem carne leva, além do quiabo, abóbora, couve-flor, pimentão, tomate e todo o frescor das folhas de coentro.

TEMPO DE PREPARO 45 minutos
SERVE 6 porções

500 g de quiabo
2 xícaras (chá) de abóbora japonesa em cubos de 1,5 cm
1 couve-flor pequena em floretes
1 pimentão vermelho
1 xícara (chá) de tomate sweet grape
1 cebola
3 dentes de alho
4 pimentas-de-cheiro
4 xícaras (chá) de água
4 colheres (sopa) de azeite
1 colher (chá) de páprica defumada
sal
9 ramos de coentro (talos e folhas)
1½ colher (sopa) de polvilho doce

1 Lave e seque bem os quiabos com um pano de prato limpo. Descarte as pontas e corte cada um em fatias de 3 cm. Corte a couve-flor em floretes de 3 cm, lave e seque bem. Lave, seque e corte o pimentão ao meio; descarte as sementes e corte cada metade em cubos de 0,5 cm. Descasque e pique fino a cebola, os dentes de alho e as pimentas. Lave, seque, pique fino os talos do coentro e reserve as folhas.
2 Leve uma frigideira grande de borda alta (ou panela) ao fogo médio. Quando aquecer, regue com 2 colheres (sopa) de azeite, acrescente a cebola e o pimentão, tempere com uma pitada de sal e refogue por cerca de 5 minutos, até murchar. Junte o alho, os talos de coentro, a pimenta e mexa por 1 minuto para perfumar.
3 Acrescente a abóbora, regue com a água, tempere com sal e misture para incorporar os sabores do refogado. Quando a água ferver, conte 5 minutos. Enquanto isso, prepare a couve-flor.
4 Numa tigela média, coloque a couve-flor, tempere com 2 colheres (sopa) de azeite, a páprica defumada, uma pitada de sal e misture bem.
5 Leve uma frigideira antiaderente ao fogo médio para aquecer. Coloque os floretes de couve-flor e doure por 5 minutos, mexendo de vez em quando.
6 Passados os 5 minutos do caldo, a abóbora deverá estar cozida mas ainda firme. Adicione o quiabo e conte mais 5 minutos, mexendo de vez em quando, até ficar levemente macio. Atenção: não deixe o quiabo cozinhar por muito tempo para evitar que ele fique mole. Por último, acrescente a couve-flor e os tomates e cozinhe por mais 3 minutos.
7 Numa tigela pequena, misture o polvilho com 2 colheres (sopa) de água para dissolver — essa misturinha vai engrossar o caldo. Adicione a mistura de polvilho à quiabada e mexa bem, por 2 minutos, até o caldo engrossar levemente.
8 Finalize com as folhas de coentro e sirva a seguir.

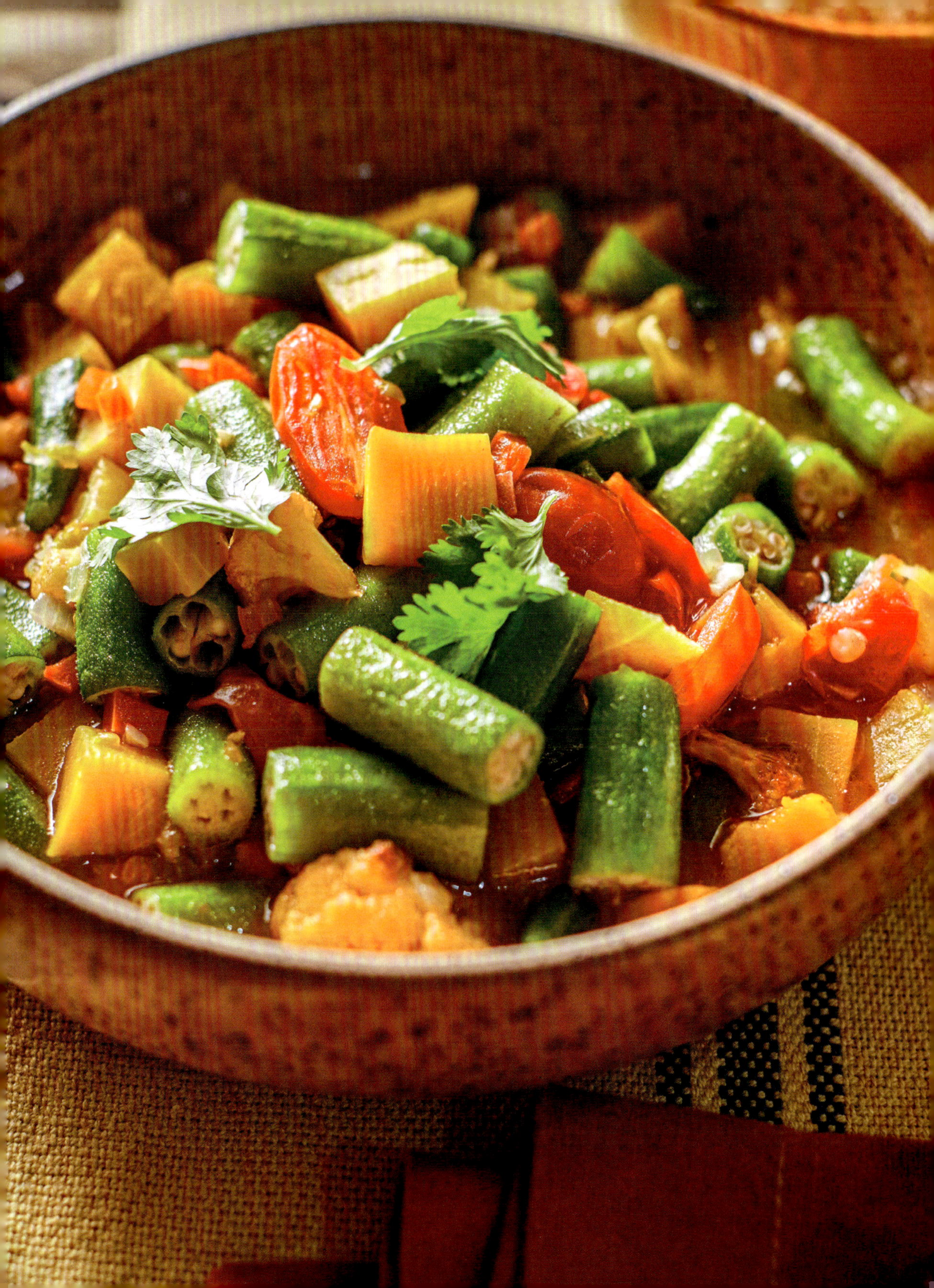

Feijão-preto com tomate e cebolinha

Procurando aquele feijão com algo a mais, um sotaque nordestino, um perfuminho bom? É este! Aposte nesta ideia saborosa para a sua próxima refeição.

TEMPO DE PREPARO 50 minutos + 12 horas de molho
RENDE 4 porções

PARA O REMOLHO
1½ xícara (chá) de feijão-preto
3 xícaras (chá) de água

1 Coloque o feijão numa peneira e lave sob água corrente. Transfira os grãos para uma tigela e cubra com a água — se algum boiar, descarte.
2 Cubra a tigela com um prato e deixe o feijão de molho por 12 horas. Troque a água uma vez nesse período — o remolho reduz o tempo de cozimento e elimina as substâncias que deixam o feijão indigesto.

PARA COZINHAR
4½ xícaras (chá) de água
8 talos de cebolinha (com a parte branca)
3 tomates
½ cebola
1 dente de alho
1 colher (sopa) de azeite
2 folhas de louro
folhas de coentro a gosto
sal e pimenta-do-reino moída na hora a gosto

1 Escorra o feijão e descarte a água do remolho. Transfira os grãos para a panela de pressão, cubra com a água e junte as folhas de louro. Tampe a panela e leve ao fogo alto. Assim que começar a apitar, abaixe o fogo e deixe cozinhar por 15 minutos.
2 Enquanto o feijão cozinha, descasque e pique fino a cebola e o alho. Lave, seque e corte os tomates ao meio; descarte as sementes e corte cada metade em cubos pequenos. Lave e seque os talos de cebolinha; fatie fino a parte branca separadamente da parte verde.
3 Passados os 15 minutos, desligue o fogo. Importante: espere toda a pressão sair e a panela parar de apitar antes de abrir a tampa.
4 Leve ao fogo médio uma panela média. Quando aquecer, regue com o azeite e junte a cebola e a parte branca da cebolinha. Tempere com uma pitada de sal e refogue por cerca de 3 minutos, até ficar transparente. Junte o dente de alho, metade dos cubos de tomate e mexa por mais 1 minuto.
5 Junte duas conchas do feijão cozido (com caldo). Mexa bem, amassando os grãos com a espátula — esse purezinho ajuda a engrossar o caldo do feijão.
6 Acrescente o restante do feijão cozido (com o caldo) e misture bem. Tempere com sal e pimenta a gosto e deixe cozinhar por mais 20 minutos, ou até o caldo engrossar. Desligue o fogo e misture as folhas de coentro picadas. Sirva a seguir com o restante dos cubos de tomate frescos e a parte verde da cebolinha fatiada.

Arroz com salsinha

O arroz do dia a dia pode ficar muito mais atraente com salsinha picada, não acha?

TEMPO DE PREPARO 30 minutos
RENDE 6 porções

1½ xícara (chá) de arroz
3 xícaras (chá) de água
1½ colher (sopa) de azeite
½ cebola
1 folha de louro
1 colher (chá) de sal
½ xícara (chá) de salsinha

1 Descasque e pique fino a cebola. Lave, seque e pique a salsinha grosseiramente. Numa chaleira, leve um pouco mais de 2 xícaras (chá) de água ao fogo baixo para ferver.
2 Leve uma panela média ao fogo baixo. Quando aquecer, regue com o azeite, junte a cebola, tempere com uma pitada de sal e refogue por cerca de 2 minutos, até murchar. Acrescente a folha de louro, o arroz e mexa bem para envolver todos os grãos com o azeite por cerca de 1 minuto — isso ajuda a deixar o arroz soltinho depois de cozido.
3 Meça 2 xícaras (chá) da água fervente e regue o arroz. Tempere com o sal, misture bem e aumente o fogo para médio. Não mexa mais.
4 Assim que a água começar a secar e atingir o mesmo nível do arroz, abaixe o fogo e tampe parcialmente a panela. Deixe cozinhar até que o arroz absorva toda a água — para verificar se a água secou, separe os grãos com um garfo até conseguir ver o fundo da panela.
5 Desligue o fogo. Deixe o arroz terminar de cozinhar no próprio vapor por 5 minutos. Solte os grãos com um garfo, junte a salsinha picada e misture bem. Sirva a seguir.

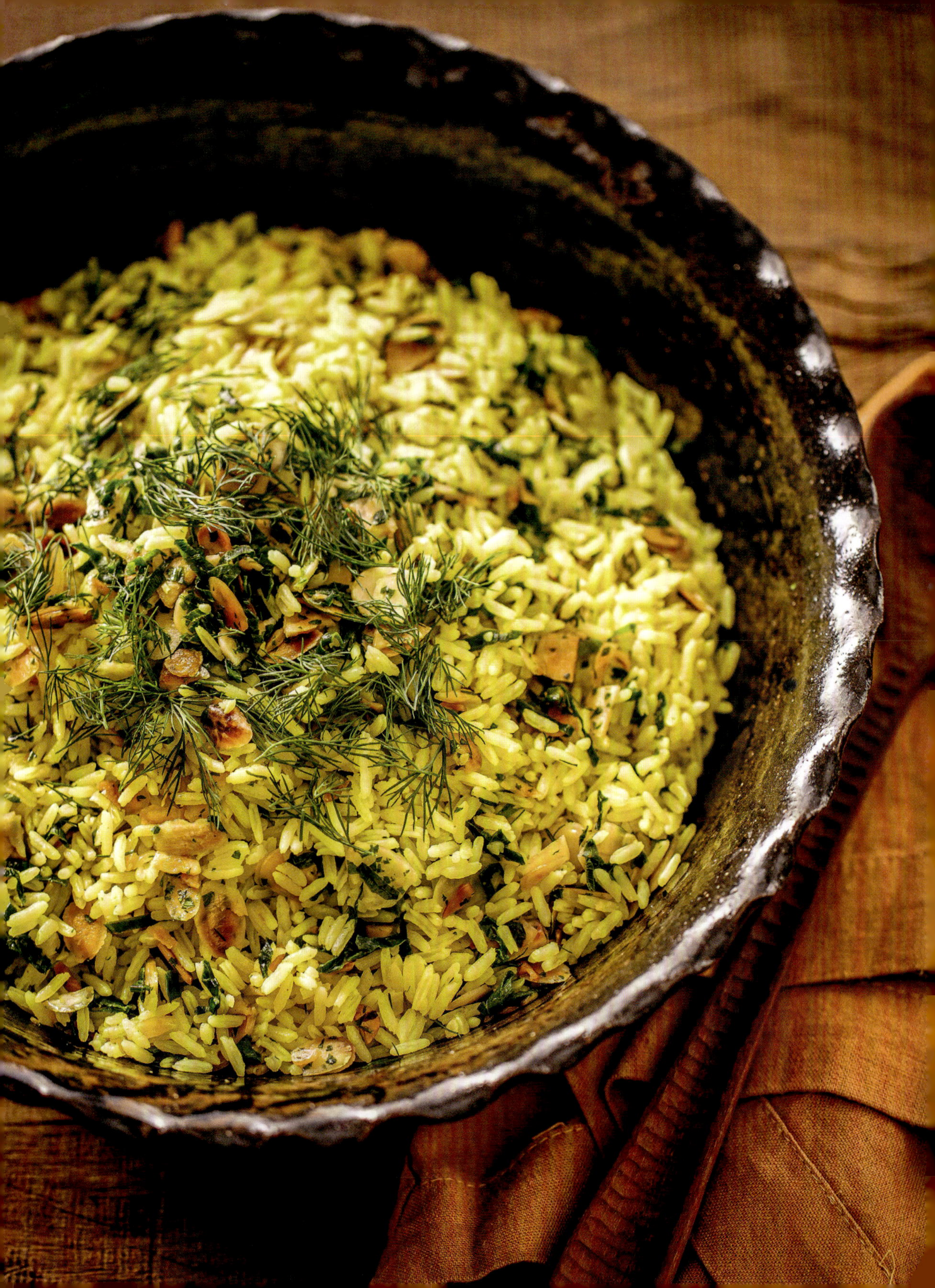

Arroz persa com mix de ervas (sabzi polo)

Salsinha, cebolinha e endro perfumam e colorem de verde este arroz festivo. Já o tom amarelo dos grãos vem da cúrcuma. Sirva numa louça escura e a receita vira o centro da mesa!

TEMPO DE PREPARO 40 minutos
RENDE 8 porções

2 xícaras (chá) de arroz
4 xícaras (chá) de água
1 cebola
2 folhas de louro
2 colheres (sopa) de azeite
½ colher (chá) de cúrcuma
10 talos de cebolinha
10 ramos de salsinha
6 ramos de endro (dill)
1 xícara (chá) de amêndoa laminada tostada (cerca de 100 g)
3 colheres (sopa) de manteiga
sal

1 Descasque e pique fino a cebola. Numa chaleira, leve um pouco mais de 4 xícaras (chá) de água ao fogo baixo para ferver.
2 Leve uma panela grande ao fogo médio. Quando aquecer, regue com o azeite e acrescente a cebola. Tempere com uma pitada de sal e refogue por 2 minutos, até murchar.
3 Acrescente o arroz, as folhas de louro e mexa bem para envolver todos os grãos com o azeite por 1 minuto — isso ajuda a deixar o arroz soltinho depois de cozido. Tempere com 1½ colher (chá) de sal e a cúrcuma.
4 Meça 4 xícaras (chá) da água fervente e regue o arroz. Misture e deixe cozinhar em fogo médio sem mexer. Assim que a água atingir o mesmo nível do arroz, abaixe o fogo e tampe parcialmente a panela. Deixe cozinhar até que o arroz absorva toda a água — para verificar, afaste delicadamente alguns grãos do fundo da panela com a ajuda de um garfo.
5 Desligue o fogo e mantenha a panela tampada por 5 minutos para que os grãos terminem de cozinhar no próprio vapor. Enquanto isso, lave e seque as ervas. Fatie fino a cebolinha e pique fino a salsinha. Em seguida, solte os grãos de arroz com um garfo.
6 Leve uma frigideira (ou panela) grande com a manteiga ao fogo médio. Quando derreter, adicione as amêndoas e mexa por 1 minuto, apenas para aquecer e perfumar. Junte a cebolinha e refogue até murchar. Acrescente a salsinha e o arroz e mexa por 3 minutos para absorver os sabores. Transfira para uma tigela e, com uma tesoura, corte as folhas de endro sobre o arroz. Sirva a seguir.

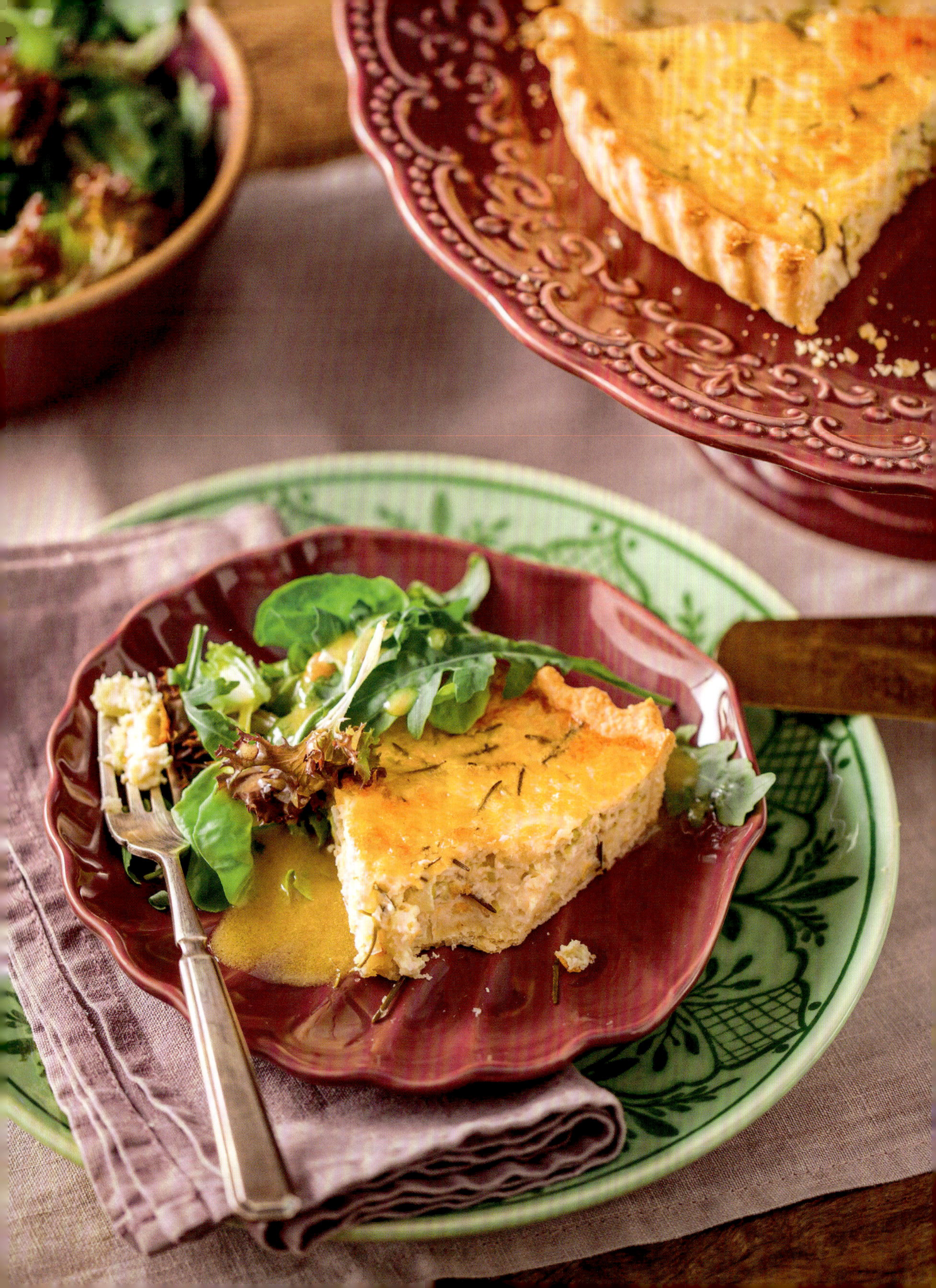

Quiche de alho-poró com alecrim

Uma torta aberta e com recheio cremoso. Como são deliciosas as quiches!

TEMPO DE PREPARO 25 minutos + 1 hora de descanso da massa na geladeira + 1 hora no forno
RENDE 6 porções

PARA A MASSA
2 xícaras (chá) de farinha de trigo
150 g de manteiga gelada em cubos
5 colheres (sopa) de água gelada
1 colher (chá) de sal
farinha de trigo para polvilhar a bancada

1 Numa tigela, misture a farinha com o sal. Junte os cubos de manteiga e misture com a ponta dos dedos até formar uma farofa. Acrescente a água gelada aos poucos, uma colher por vez, misturando com as mãos até conseguir formar uma bola — evite trabalhar demais a massa, deixe pontinhos de manteiga ainda aparentes para a massa ficar bem crocante.
2 Modele a massa numa bola e achate levemente para formar um disco — assim fica mais fácil de abrir. Embrulhe em filme plástico e leve para a geladeira por pelo menos 1 hora (se preferir, prepare a massa no dia anterior).
3 Preaqueça o forno a 200 °C (temperatura média) e separe uma fôrma com fundo removível de 24 cm de diâmetro.
4 Retire a massa da geladeira e disponha sobre a bancada polvilhada com farinha de trigo. Polvilhe um pouco de farinha sobre a massa e abra com um rolo até formar um círculo que cubra o fundo e a lateral da fôrma.
5 Enrole a massa sobre o rolo e transfira para a fôrma. Com a ponta dos dedos, pressione delicadamente a massa para cobrir todo o fundo e a lateral da fôrma. Passe o rolo sobre a borda para cortar o excesso de massa. Leve a fôrma com a massa para a geladeira por 10 minutos enquanto o forno aquece.
6 Corte um círculo de papel-manteiga um pouco maior que a fôrma, coloque sobre a massa e preencha com grãos de feijão cru — eles servem de peso e evitam que a massa infle e se quebre ao assar. Leve ao forno por cerca de 30 minutos para pré-assar. Enquanto isso, prepare o recheio.

OBS.: caso tenha preparado a massa no dia anterior, retire da geladeira 10 minutos antes de abrir.

PARA O RECHEIO E A MONTAGEM
2 alhos-porós
4 ovos
400 ml de creme de leite fresco
2 colheres (sopa) de alecrim
1 colher (sopa) de azeite
sal
noz-moscada ralada na hora a gosto

1 Corte os talos de alho-poró em rodelas finas — você pode reservar as folhas para fazer um caldo —, coloque numa peneira e lave sob água corrente. Deixe escorrer bem a água.
2 Leve uma frigideira ao fogo médio. Quando aquecer, regue com o azeite, junte o alho-poró fatiado, tempere com uma pitada de sal e refogue por cerca de 5 minutos, até murchar. Adicione as folhas de alecrim e mexa por mais 1 minuto. Reserve.
3 Numa tigela pequena, quebre os ovos, um de cada vez, e transfira para uma tigela grande — se algum estiver estragado, você não perde a receita. Junte o creme de leite fresco, tempere com ½ colher (chá) de sal e noz-moscada a gosto. Mexa com um batedor de arame até que a mistura fique lisa.
4 Retire a massa pré-assada do forno e diminua a temperatura para 180 °C (temperatura média).
5 Com cuidado, retire o papel-manteiga com os grãos de feijão da assadeira. Cubra o fundo da massa com o refogado de alho-poró e regue com a mistura de creme de leite e ovos. Volte ao forno para assar por cerca de 40 minutos, ou até inflar e dourar. Retire do forno e sirva a seguir.

PODE CONGELAR
É possível congelar tanto a massa quanto a quiche assada. Para congelar a massa, forme uma bola, embrulhe com filme e leve ao congelador. Descongele na geladeira e tire 30 minutos antes de usar para conseguir abrir. Para descongelar a quiche assada: leve a quiche direto do freezer para o forno, a 180 ºC (o tempo varia de acordo com o tamanho da porção — se estiver em fatias ou inteira). A quiche dura até 3 meses no congelador.

Moqueca rápida de peixe

Esta receita é puro caldo do Brasil! Peixe, leite de coco, azeite de dendê, legumes, pimenta-de-cheiro e folhas fresquinhas de coentro. Os ingredientes cozinham todos juntos, na mesma panela. É prático, é gostoso!

TEMPO DE PREPARO 1 hora
RENDE 6 porções

6 tranches de robalo sem pele ou 6 postas sem pele (cerca de 150 g cada)
3 tomates
1 pimentão amarelo grande
1 pimentão verde grande
1½ cebola
2 dentes de alho pequenos
2 pimentas dedo-de-moça pequenas
1 pimenta-de-cheiro
8 ramos de coentro (folhas e talos)
200 ml de leite de coco
¼ de xícara (chá) de azeite de dendê
2 colheres (sopa) de azeite
sal
folhas de coentro a gosto para servir

1 Lave e seque os tomates, os pimentões, as pimentas e o coentro.

2 Corte os pimentões ao meio, descarte as sementes e corte cada metade em quadrados de 3 cm; pique o coentro e reserve algumas folhas inteiras para finalizar. Corte os tomates em quartos, descarte as sementes e corte cada quarto ao meio na diagonal. Descasque e corte a cebola em cubos de 2 cm. Descasque e pique fino os dentes de alho. Fatie a pimenta-de-cheiro em rodelas.

3 Corte a pimenta dedo-de-moça ao meio, raspe as sementes com a ponta da faca e pique fino as metades. Dica: para evitar acidentes com dedos apimentados nos olhos, passe óleo ou azeite nas mãos depois de cortar as pimentas — a gordura dissolve a capsaicina, substância responsável pelo ardor. Depois, lave as mãos.

4 No liquidificador, bata o leite de coco com o azeite de dendê e ½ colher (chá) de sal por 1 minuto, até ficar bem emulsionado — assim o caldo da moqueca fica mais aveludado e a gordura do dendê e do coco não se separam do líquido.

5 Tempere o peixe com sal a gosto. Leve uma panela grande (uma moquequeira, ou frigideira de borda alta) ao fogo médio para aquecer. Regue com o azeite, adicione a cebola, tempere com uma pitada de sal e refogue por 3 minutos, até murchar. Junte os pimentões e refogue por mais 3 minutos. Acrescente o alho e as pimentas e mexa por 1 minuto para perfumar.

6 Abaixe o fogo, junte o coentro e o leite de coco batido com dendê. Adicione os tomates e misture bem. Com uma pinça, coloque as tranches de peixe entre os legumes — assim o peixe fica parcialmente imerso pelo caldo para cozinhar.

7 Tampe a panela e deixe cozinhar por 15 minutos, ou até o peixe ficar cozido, mas ainda úmido, e os legumes macios. Sirva a seguir com folhas de coentro a gosto.

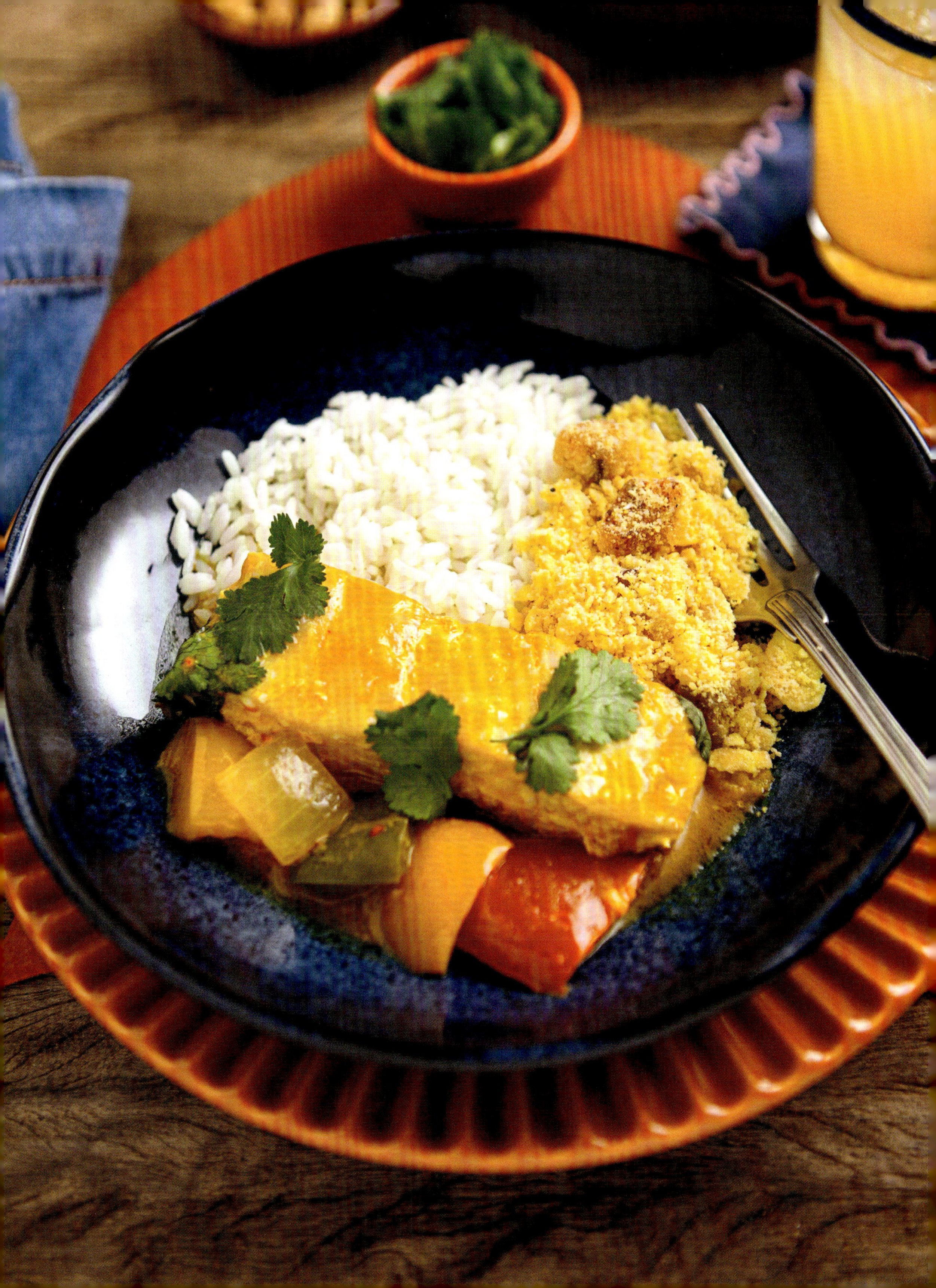

Peixe grelhado com molho de manteiga, tomilho e limão

Com esta receita, o seu peixe grelhado sempre vai dar certo. O segredo está no fubá, que cria uma película bem fininha e impede que os filés grudem na frigideira. O molho de manteiga, tomilho e limão, além de ficar pronto em 1 minuto, enche o prato de frescor.

TEMPO DE PREPARO 20 minutos
RENDE 2 porções

2 filés de pescada (cerca de 90 g cada)
¼ de xícara (chá) de fubá (ou farinha de trigo)
2 colheres (chá) de azeite
sal

1 Tire os filés da geladeira 10 minutos antes de grelhar — eles não podem estar gelados na hora de ir para a frigideira. Seque bem os filés com papel-toalha e tempere com sal a gosto.
2 Coloque o fubá num prato raso, passe os dois lados dos filés de peixe no fubá e bata bem para tirar o excesso — a ideia é formar uma camada de fubá bem fininha mesmo; ela evita que o peixe grude ou quebre na frigideira.
3 Leve uma frigideira grande, de preferência antiaderente, ao fogo médio para aquecer. Regue a frigideira com o azeite e coloque os filés, um ao lado do outro, com o lado mais plano (onde estava a pele) para baixo. Deixe grelhar, sem mexer, até que eles estejam bem dourados e soltos da frigideira, por cerca de 4 minutos.
4 Com uma espátula de peixe, vire os filés com cuidado para não quebrar (se preferir, use um garfo como apoio) e deixe grelhar por apenas 1 minuto do outro lado — essa etapa é mais rápida mesmo, para que o peixe fique mais saboroso e mais úmido, sem ressecar. Sirva a seguir com o molho de manteiga e limão.

PARA O MOLHO DE MANTEIGA COM LIMÃO
2 colheres (sopa) de manteiga
¼ de colher (chá) de azeite
raspas de ½ limão
1 colher (chá) de caldo de limão
6 galhos de tomilho-limão
sal e pimenta-do-reino moída na hora a gosto

1 Num pote de vidro (sem a tampa), debulhe os ramos de tomilho, junte a manteiga e o azeite e leve para rodar no micro-ondas por 30 segundos, apenas para a manteiga derreter (não aqueça demais).
2 Com um pano de prato, retire o pote do micro-ondas, adicione o caldo e as raspas de limão e tempere com sal e pimenta. Tampe e chacoalhe bem para emulsionar.

Batata bolinha ao murro com sálvia

Uma receita simples, mas que vale por uma aula de como incluir mais ervas frescas no dia a dia.

TEMPO DE PREPARO 50 minutos + 40 minutos no forno
RENDE 6 porções

1,5 kg de batata bolinha
5 colheres (sopa) de azeite
8 ramos de sálvia
sal e pimenta-do-reino moída na hora a gosto

1 Com uma escovinha para legumes, lave bem a casca das batatas sob água corrente. Transfira para uma panela média, cubra com água, tempere com 1½ colher (chá) de sal e leve ao fogo alto. Assim que ferver, abaixe o fogo e deixe cozinhar por cerca de 20 minutos — as batatas devem estar cozidas mas ainda firmes; espete com um garfo para verificar.
2 Enquanto isso, preaqueça o forno a 200 °C (temperatura média). Regue uma assadeira grande com 3 colheres (sopa) de azeite (caso sua assadeira não comporte a quantidade de batatas, use duas assadeiras).
3 Assim que estiverem cozidas, escorra a água das batatas. Abra um pano de prato limpo na tábua e coloque algumas batatas, uma ao lado da outra — cuidado para não se queimar. Dobre o pano sobre as batatas e dê um leve murro para achatá-las — a ideia é que a casca rompa um pouco, mas cuidado para não colocar muita força e esmigalhar a batata. Transfira para a assadeira com azeite e repita o processo com o restante.
4 Debulhe as folhas de sálvia sobre as batatas — mantenha alguns raminhos inteiros para a decoração. Regue com o azeite restante e tempere com sal e pimenta a gosto — o sal moído na hora, além de temperar, dá uma textura crocante à receita. Se preferir, use sal refinado.
5 Leve ao forno para assar por cerca de 40 minutos, ou até que as batatas fiquem bem douradas — não é preciso virar na metade do tempo. Retire do forno e sirva a seguir.

OUTRAS OPÇÕES
A receita de batata bolinha ao murro pode ganhar novas camadas de sabor com a troca da sálvia por outra erva que também goste de calor, como o alecrim ou o tomilho. Se preferir, inclua também uma pitada extra de especiarias. As combinações a seguir prometem perfumar a casa inteira: sálvia + páprica, tomilho + cúrcuma, alecrim + tomilho + sálvia.

Purê de batata com cheiro-verde

Não vai leite nem manteiga: o azeite é perfumado com alho e ervas. "Mas e o ponto?" Vem com a água do cozimento. Diferente e prático.

TEMPO DE PREPARO 40 minutos
RENDE 8 porções

1 kg de batata (cerca de 5 unidades)
¼ de xícara (chá) de azeite
3 dentes de alho
¼ de xícara (chá) de folhas e talos de coentro
¼ de xícara (chá) de folhas e talos de salsinha
4 talos de cebolinha
1 colher (chá) de sal
pimenta-do-reino moída na hora a gosto
noz-moscada ralada na hora a gosto
folhas de salsinha inteiras a gosto para servir
folhas de coentro inteiras a gosto para servir

1 Lave, descasque e corte as batatas em quatro pedaços. Transfira para uma panela média, cubra com água e tempere com o sal.
2 Leve a panela ao fogo alto. Quando começar a ferver, abaixe o fogo e deixe cozinhar por cerca de 20 minutos, até que as batatas fiquem bem macias — para verificar o ponto, espete com um garfo. Enquanto isso, lave e seque bem as ervas — quanto mais sequinhas as folhas estiverem, menor é o risco de espirrar na hora de misturar com o azeite quente.
3 Assim que estiverem cozidas, reserve ½ xícara (chá) da água do cozimento e passe as batatas pelo escorredor. Transfira as batatas para uma travessa e amasse os pedaços ainda quentes com um garfo — vá acrescentando aos poucos a água do cozimento para formar um purê rústico.
4 Corte a cebolinha em fatias finas. Pique rusticamente a salsinha e o coentro. Corte as pontas e, com a lateral da lâmina da faca, amasse e descasque os dentes de alho.
5 Numa frigideira pequena, coloque o azeite, os dentes de alho e leve ao fogo baixo. Deixe cozinhar por cerca de 2 minutos, até que o alho comece a dourar e perfumar o azeite. Desligue o fogo, junte as ervas e misture por 1 minuto.
6 Verta o azeite quente com as ervas sobre as batatas amassadas (incluir os pedaços de alho é opcional). Ajuste o ponto do purê com a água e misture bem. Tempere com pimenta e noz-moscada a gosto, prove e ajuste o sal. Sirva a seguir com as folhas de salsinha e coentro.

Batata rústica com alecrim, tomilho e sálvia na Air Fryer

Esta receita é batata! As porções saem do cesto da Air Fryer da linha Electrolux por Rita Lobo douradas, crocantes e perfumadas. Deliciosas para estrelar o pê-efe durante a semana.

TEMPO DE PREPARO 40 minutos
RENDE 6 porções

3 batatas baraka (cerca de 500 g)
3 ramos de alecrim
4 ramos de tomilho
10 folhas de sálvia
6 dentes de alho (com casca)
azeite a gosto
sal moído na hora a gosto

1 Com uma escovinha para legumes, lave bem a casca das batatas sob água corrente e seque bem — quanto mais secas, mais douradas e crocantes elas ficam.
2 Corte cada batata ao meio, no sentido do comprimento, e cada metade em 5 gomos.
3 Preaqueça a Air Fryer digital da linha Electrolux por Rita Lobo a 200 ºC e programe para assar por 30 minutos.
4 Enquanto isso, numa tigela, misture as batatas fatiadas com sal e 1½ colher (sopa) de azeite. Mexa com as mãos para envolver todos os gomos.
5 Coloque as batatas dentro do cesto e encaixe-o de volta na Air Fryer. Enquanto as batatas assam, espalhe um pouco de azeite nas ervas e nos dentes de alho — assim eles não queimam ao assar.
6 Na metade do tempo (15 minutos), abra o cesto da Air Fryer, vire as batatas e adicione as ervas e os dentes de alho. Faltando 5 minutos para o tempo total, abra o cesto novamente e mexa as batatas para que fiquem douradas e crocantes por igual.
7 Passado o tempo de cozimento, com uma pinça, transfira as batatas assadas, as ervas e os dentes de alho para uma travessa. Sirva a seguir.

Almôndega-aperitivo com salsinha e hortelã na Air Fryer

Preparada na Air Fryer da linha Electrolux por Rita Lobo, a almôndega-aperitivo fica pronta em apenas 20 minutos. Sobra até mais tempo para caprichar nos outros acompanhamentos da *happy hour*.

TEMPO DE PREPARO 30 minutos + 20 minutos na Air Fryer
RENDE 6 porções (36 almôndegas)

500 g de patinho moído
½ cebola
2 dentes de alho
¼ de xícara (chá) de farinha de rosca
½ colher (chá) de cominho em pó
1 colher (chá) de sal
8 ramos de salsinha
4 ramos de hortelã
raspas de 1 limão
pimenta-do-reino moída na hora a gosto
azeite para untar as mãos e pincelar as almôndegas
folhas de salsinha e hortelã a gosto para servir

1 Descasque e pique fino a cebola e os dentes de alho. Lave, seque e pique fino a salsinha e a hortelã.
2 Numa tigela grande, coloque a carne moída, a cebola, o alho e a farinha de rosca. Tempere com o cominho, o sal e a pimenta. Adicione a salsinha, a hortelã e as raspas de limão. Misture bem, amassando com a mão por cerca de 2 minutos — forme uma bola de carne e arremesse contra a tigela algumas vezes para deixar a massa mais compacta. Isso evita que as almôndegas se desmanchem na hora de assar.
3 Para modelar: unte as mãos com azeite, retire uma porção de carne (cerca de 1 colher [sopa]) e enrole uma bolinha de cerca de 2 cm de diâmetro. Transfira para uma travessa e repita o processo com o restante da massa. No total vão ser 36 almôndegas.
4 Preaqueça a Air Fryer da linha Electrolux por Rita Lobo a 200 ºC e programe para assar por 20 minutos.
5 Pincele as almôndegas com azeite e transfira todas para o cesto — elas vão ficar sobrepostas mesmo. Na metade do tempo, vire as almôndegas com uma pinça, colocando as que estavam mais douradas para baixo e as menos assadas para cima, para dourar tudo de maneira uniforme. Transfira as almôndegas douradas para um prato e sirva a seguir com ervas frescas e molho de iogurte.

PARA O MOLHO DE IOGURTE E ERVAS
1 pote de iogurte natural sem açúcar (cerca de ⅔ de xícara [chá], 170 g)
3 ramos de hortelã
4 ramos de salsinha
sal e pimenta-do-reino moída na hora a gosto

Lave, seque e pique fino as ervas. Misture bem com o iogurte e tempere com sal e pimenta a gosto.

Abobrinha agridoce de frigideira

Esta receita entrega tudo: é pá-pum, versátil, saborosa e faz bonito como acompanhamento do pê-efe. O corte quadriculado da abobrinha ainda deixa o prato supercharmoso. Um show!

TEMPO DE PREPARO 15 minutos

RENDE 4 porções

2 abobrinhas italianas
1 colher (sopa) de mel
2 colheres (sopa) de vinagre de maçã
1 colher (sopa) de azeite
3 ramos de hortelã
5 ramos de salsinha
sal e pimenta-do-reino moída na hora a gosto

1 Lave e seque as abobrinhas e as folhas de hortelã e de salsinha.
2 Descarte o cabinho e corte as abobrinhas ao meio, na diagonal, no sentido da largura. Corte cada metade ao meio no sentido do comprimento. Com a ponta da faca de legumes, faça cortes superficiais na polpa da abobrinha, formando um quadriculado.
3 Numa tigela pequena, misture o mel com o vinagre de maçã e tempere com uma pitada de sal.
4 Leve uma frigideira antiaderente grande ao fogo médio para aquecer. Regue com o azeite, coloque as abobrinhas com a parte cortada para baixo e deixe dourar por cerca de 5 minutos.
5 Com uma pinça, vire as abobrinhas, tempere com sal e pimenta a gosto e deixe dourar por 1 minuto. Abaixe o fogo e tampe a frigideira para cozinhar por mais 4 minutos, até ficarem levemente macias.
6 Regue as abobrinhas com o molho de vinagre e mel e deixe cozinhar por 1 minuto — assim elas absorvem melhor os sabores. Sirva a seguir com as ervas frescas.

Lillet com laranja e alecrim

Combinação de vinho branco e licor de cítricos, o lillet rende drinques refrescantes e aromáticos. Para ficar ainda mais especial, o copo é defumado com alecrim chamuscado.

TEMPO DE PREPARO 10 minutos
SERVE 1 pessoa

1 dose de lillet gelado
2 doses de club soda gelado
1 tira longa de casca de laranja
2 galhos de alecrim
cubos de gelo a gosto

1 Esfregue 1 galho de alecrim no interior do copo.
2 Com uma pinça, segure o mesmo galho de alecrim dobrado ao meio e aproxime da chama do fogão. Deixe o alecrim chamuscar até começar a soltar fumaça. Apoie o alecrim chamuscado na tábua e cubra com o copo virado com a boca para baixo — assim a fumaça do alecrim fica presa e passa o sabor de defumado ao copo. Deixe o copo absorvendo os sabores enquanto corta a tira de casca de laranja.
3 Com um descascador de legumes (ou uma faca pequena afiada), corte uma tira longa da casca de laranja.
4 Coloque a tira de casca dentro do copo defumado (sem o alecrim chamuscado). Adicione o lillet, cubos de gelo e complete com o club soda. Sirva a seguir com o outro galho de alecrim fresco.
OBS.: se preferir um drinque mais suave, use 3 doses de club soda e sirva num copo mais longo.

Abacaxi grelhado com licor de laranja e alecrim

Esta sobremesa é ideal para fechar a refeição. As fatias de abacaxi são servidas douradinhas, com raspas de limão e folhas de alecrim. E ainda vem uma dose de licor para completar. Sirva com sorbet de limão.

TEMPO DE PREPARO 30 minutos
RENDE 6 porções

1 abacaxi
3 colheres (sopa) de licor de laranja
3 colheres (sopa) de manteiga
açúcar a gosto para polvilhar as fatias
½ xícara (chá) de água
raspas de 1 limão
2 galhos de alecrim
sorbet de limão para servir

1 Descasque e corte o abacaxi em rodelas de 2 cm de espessura. Transfira para uma travessa, regue com o licor e deixe macerar por 5 minutos, para a fruta absorver o sabor da bebida.
2 Leve uma frigideira grande ao fogo médio para aquecer. Polvilhe 3 fatias de abacaxi com um pouco de açúcar.
3 Quando a frigideira estiver quente, adicione 1 colher (sopa) de manteiga e deixe derreter. Coloque os galhos de alecrim e as fatias de abacaxi com o lado polvilhado com açúcar para baixo; deixe dourar, sem mexer, por cerca de 5 minutos. Polvilhe açúcar novamente e vire as fatias com uma espátula para dourar o outro lado. Transfira para um prato e repita a operação com as outras fatias, untando a frigideira com manteiga a cada leva.
4 Mantenha a frigideira em fogo médio, regue com a água e adicione o licor com o caldinho do abacaxi que ficou na travessa. Mexa com uma espátula de silicone para dissolver os queimadinhos do abacaxi até ferver. Acrescente 1 colher (sopa) de manteiga e misture delicadamente para formar uma caldinha. Regue as fatias de abacaxi com a calda e sirva a seguir com raspas de limão e o sorbet.

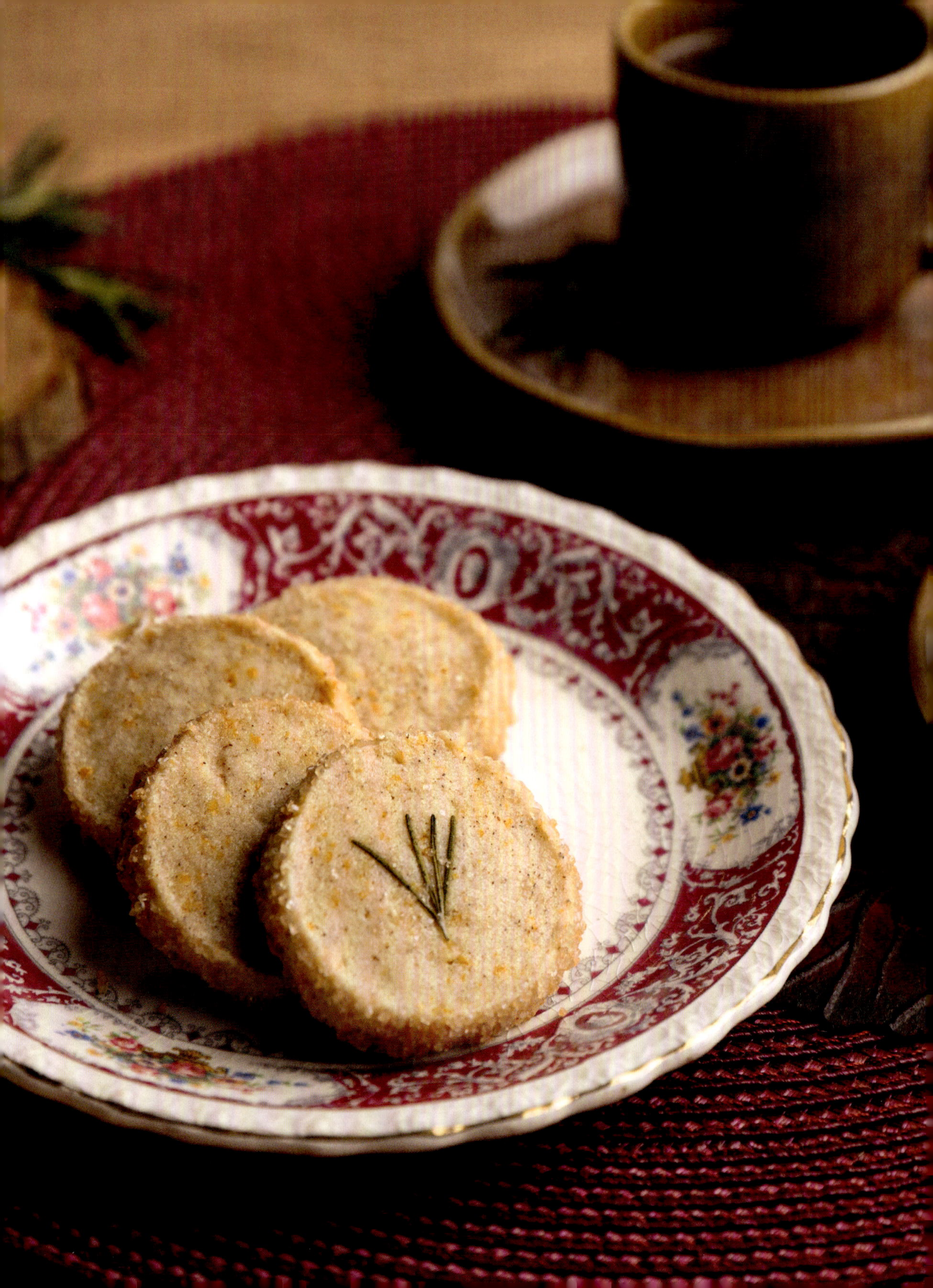

Biscoito amanteigado com alecrim

Esta receita clássica de biscoito funciona como uma fórmula: você pode dar a ela os sabores que quiser. Experimente colocar raspas de limão, em vez de laranja, ou fazer uma nova combinação de especiarias.

TEMPO DE PREPARO 10 minutos + 3 horas na geladeira + 20 minutos no forno
RENDE cerca de 30 unidades

150 g de manteiga em temperatura ambiente em cubos
1¾ de xícara (chá) de farinha de trigo
½ xícara (chá) de açúcar de confeiteiro
1 colher (chá) de canela em pó
1 pitada de sal
raspas de 1 laranja-baía
noz-moscada ralada na hora a gosto
¼ de xícara (chá) de açúcar demerara
alecrim a gosto para assar (opcional)
açúcar demerara a gosto para polvilhar (opcional)

1 Numa tigela grande, misture a farinha, o açúcar de confeiteiro, a canela, o sal, as raspas de laranja e a noz-moscada.
2 Acrescente a manteiga em cubos e misture com a ponta dos dedos até formar uma farofa. Aperte bem com as mãos para a massa ficar uniforme e formar uma bola.
3 Com a espátula de padeiro, corte a massa em duas partes iguais. Na bancada, modele cada metade de massa num rolo com cerca de 15 cm de comprimento. Coloque cada rolo sobre uma folha de papel-manteiga (30 cm × 30 cm). Dobre o papel sobre a massa e, com a espátula de padeiro, empurre a massa (sobre o papel) para deixar o rolo bem apertadinho e cilíndrico. Dobre e torça as pontas — além de ajudar a manter o formato, o papel evita que a massa resseque na geladeira.
4 Leve os rolos de biscoito à geladeira para firmar por cerca de 3 horas (se preferir, prepare com antecedência e mantenha na geladeira por até 5 dias).
5 Preaqueça o forno a 160 ºC (temperatura baixa).
6 Na hora de assar, abra o rolo de papel-manteiga e espalhe 2 colheres (sopa) do açúcar demerara no papel. Role o cilindro de biscoito sobre o açúcar para cobrir toda a superfície.
7 Corte o cilindro de massa em fatias de cerca de 1 cm de espessura e distribua os biscoitos numa assadeira grande, deixando cerca de 3 cm entre cada um — eles crescem um pouco ao assar. Decoração opcional: retire pontinhas dos ramos de alecrim, coloque sobre cada biscoito, aperte levemente para fixar e polvilhe um pouco de açúcar demerara.
8 Leve ao forno para assar por cerca de 20 minutos, ou até que as bordas fiquem levemente douradas. Enquanto isso, repita o processo com o outro rolinho.
9 Retire a assadeira do forno e deixe esfriar completamente antes de armazenar — eles terminam de firmar ao esfriar. Sirva a seguir.
OBS.: Os biscoitos permanecem crocantes por até 15 dias quando armazenados num pote com fechamento hermético em temperatura ambiente.

DICA DE PLANEJAMENTO
Os rolinhos de biscoito podem ser congelados por até 3 meses. Para preparar, deixe o rolinho em temperatura ambiente por cerca de 30 minutos, ou até ficar macio para cortar.

3: Uma viagem pelos sabores das especiarias

Não é exagero dizer:
uma pitada pode mudar tudo!

Para começar este capítulo, quero dividir com você a lembrança de uma composição de sabores que transformou meu jeito de cozinhar. Foi uma quebra de padrões. E olha que isso aconteceu há mais de 30 anos, mas até hoje reverbera no meu entendimento sobre temperos. Quando fui para o Marrocos pela primeira vez, fiquei fascinada com a comida. Aliás, não só com a comida. Aquela primeira volta no mercado, ou souk, já teria valido a viagem. As cores, a luz, os cheiros – bons e ruins –, os sons, as túnicas, as pessoas, as especiarias perfeitamente arranjadas em forma de cone, que faziam as lojas de tempero parecer instalações artísticas. As cerâmicas eram de tirar o fôlego – foi ali que começou minha paixão pelas cerâmicas marroquinas, que nunca mais parei de usar em minhas produções. Eu tinha menos de 20 anos e não sabia nada sobre a cozinha do norte da África. Mas sabia que tagine era o prato marroquino mais conhecido e também o nome da panela em que é feito esse braseado (que é um ensopado com pouco líquido). Tagine pode ser de tudo. Perto do litoral é de peixe; na cidade é de frango. Pode ser de legumes também. Mas pedi a de cordeiro, mais tradicional. Logo na primeira garfada, a surpresa. Imagine só temperar a carne de cordeiro com canela, cominho e raspas de limão! *Que combinação de sabores extraordinária!* Isto é, para mim. Para quem é de lá, esse jeito de temperar a comida é a coisa mais trivial. Mas esse sabor de novidade, e das boas, ia além da combinação de temperos: então a canela não é exclusividade de doces nem o cominho de grãos?

Olhar para outras culturas é sempre um ótimo ponto de partida: elas expandem nossos horizontes e alimentam nossa criatividade. Não é à toa que pratos ou jeitos de cozinhar viram símbolo de um lugar. Significa que muita gente gostou, e por muito tempo. Do contrário, eles teriam caído no esquecimento. Claro, tem a ver com outras coisas, em especial com o que a terra dá. É por isso que no Brasil é melhor basear a alimentação na dieta brasileira do que na mediterrânea, apenas como exemplo. Sai por menos e é mais saudável. Mas nada impede de nos inspirarmos em pratos e combinações de sabores de outras regiões para deixar a mesa mais animada.

Especiarias são a chave para deixar a comida do dia a dia mais alegre, mais variada e mais saudável.

No caso das especiarias, é uma ótima ideia pesquisar a cozinha do norte da África, do Oriente Médio e, claro, da Índia. O uso delas por lá é bem mais intenso do que no Brasil. E isso não é por acaso. No passado, você bem sabe, esses temperinhos vinham da Índia, e as regiões mais próximas tinham mais acesso a eles. Na época das navegações, porém, o conceito de tempero, de acordo com os livros de história, era um pouco diferente: as especiarias serviam para mascarar o sabor dos alimentos que já estavam se deteriorando. E também para conservar. Se bem que, desde os tempos bíblicos, as especiarias eram usadas para deixar a comida mais gostosa. Em uma passagem (Êxodo 16:31), o maná, alimento que caiu do céu, era feito com semente de coentro e tinha sabor de bolo de mel. Como você já viu neste livro, especiarias são sementes, raízes, flores e até casca de árvore, caso da canela. São temperos naturais, sem aditivos químicos, e ricos em nutrientes. A seguir, você vai conhecer as principais especiarias e alguns temperos prontos, como o curry indiano – ou caril, como é conhecido no Nordeste. Essa mistura pode levar cúrcuma, mostarda em pó, canela, cominho, coentro em grãos moído, sementes de erva-doce, noz-moscada, cardamomo, pimenta-do-reino... É por isso que chamamos de tempero pronto, mas não tem nada de ultraprocessado. Como no capítulo das ervas, a ideia é oferecer informações sobre as origens, combinações de sabores mais técnicas e outras mais clássicas para, a partir daí, soltar a sua imaginação.

Descobrir que a canela não era exclusividade de pratos doces nem o cominho de grãos foi um marco em minha educação culinária. Espero que o conteúdo a seguir também ajude a ampliar seus horizontes e deixe você mais à vontade para ousar na combinação de sabores. A comida fica mesmo mais alegre e mais saudável – e o cozinheiro também.

Geralmente, as especiarias entram na receita antes de o alimento ir ao fogo, ou durante o cozimento. Mas algumas, como a canela e a pimenta-do-reino, também servem para finalizar as preparações.

Entre os clássicos e os novos

Quem já tem mais intimidade com a cozinha sabe que cardamomo combina com café, que o quibe não vive sem a pimenta síria, que açafrão vai bem com peixes e frutos do mar, que carne de porco combina demais com sementes de erva-doce, que feijão pede cominho, que a páprica é perfeita para assar legumes em geral e que a noz-moscada é quase que obrigatória em pratos que levam leite. Mas você já pensou em cozinhar arroz com anis-estrelado? E assar chuchu com cominho? Coentro em grão no pé de moleque transforma o doce de criança em sobremesa chique. Você tem que provar! E cúrcuma no mingau de aveia vira acontecimento matinal. Conhecer mais sobre as especiarias dá nisto: a gente amplia a nossa capacidade de criar novos sabores com os alimentos de sempre. É saudável, é prazeroso e é muito mais divertido cozinhar assim.

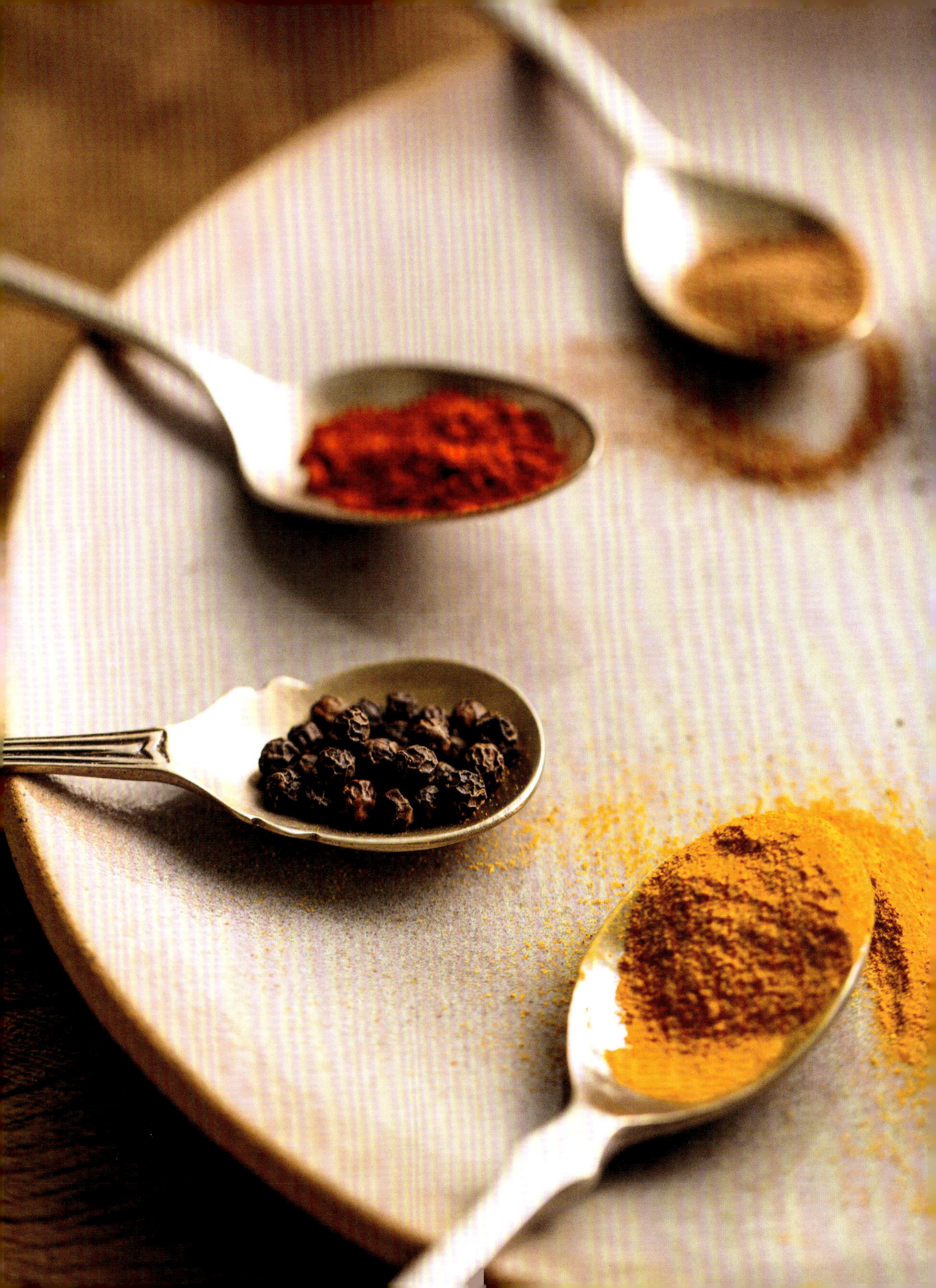

Cada especiaria uma sensação

São apenas cinco categorias e uma lista de possibilidades.

Algumas aquecem, outras levam frescor ao prato. Umas são picantes, outras são cítricas. O sabor das especiarias é repleto de sutilezas, muitas vezes difíceis de descrever. A classificação das especiarias a seguir ajuda a entender melhor como cada uma delas pode influenciar uma preparação. Conheça os cinco grupos principais, criados a partir da característica mais marcante de cada especiaria.

CÍTRICAS
Cardamomo
Pimenta-rosa
Semente de coentro
Semente de erva-doce
Sumac

FLORAIS/FRUTADAS
Anis-estrelado
Baunilha

TERROSAS
Açafrão
Cúrcuma
Cominho
Gengibre em pó
Urucum

QUENTES
Canela
Cravo-da-índia
Noz-moscada
Páprica
Pimenta-da-jamaica
Pimenta-caiena
Pimenta calabresa
Semente de mostarda

MISTURAS
Curry
Cinco especiarias chinesas
Pimenta síria
Ras el hanout
Zátar

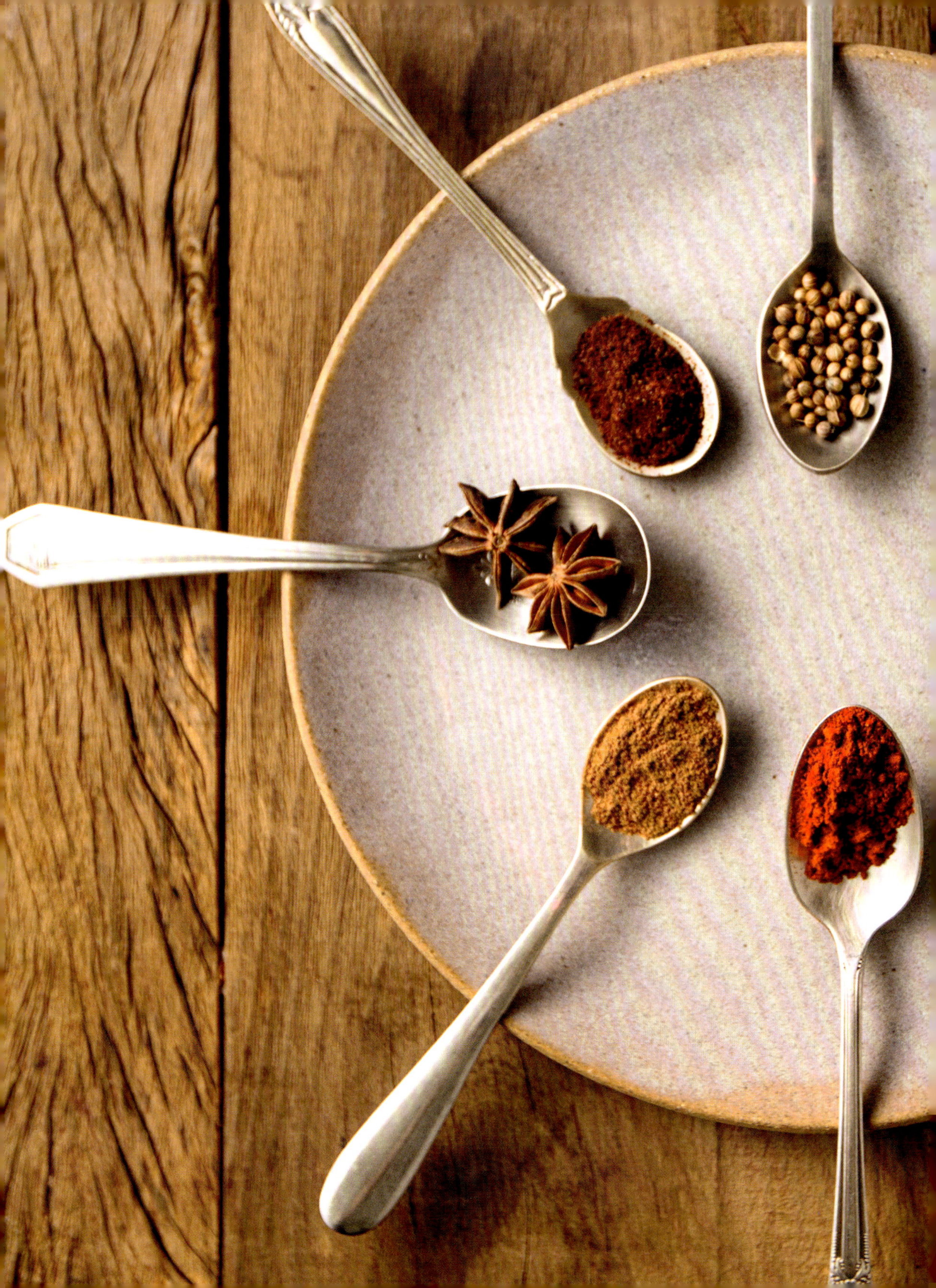

O manual das especiarias

Em um pote de especiaria cabem cultura, história e tradição. Além de muito sabor.

Especiarias podem vir de raízes, sementes, flores e cascas de árvore. Podem ter notas frescas ou picantes, toques de doçura ou amargor e até despertar várias sensações ao mesmo tempo. Conheça e consulte, sempre que precisar, as características destas 26 especiarias e misturas de temperos, com indicações de uso e sugestões de receita.

Açafrão *Crocus sativus*

ORIGEM: Ásia Menor e Grécia

Usado há séculos na culinária mediterrânea, o açafrão é a especiaria mais cara do mundo, e não é à toa: trata-se do pistilo seco das flores de uma árvore nativa da Ásia Menor e da Grécia. As flores têm que ser colhidas de manhã, para evitar o calor do sol, e os delicados filamentos são retirados manualmente. Cada flor tem apenas três pistilos, que podem ir para o mercado na forma inteira ou moída. São necessárias cerca de 200 mil flores para obter 1 kg de açafrão! Felizmente, é para usar pouquinho: em exagero, o açafrão pode amargar as receitas. Para potencializar seus aromas, ele deve ser misturado a um pouco de água morna por alguns minutos. Além do perfume sem igual, pungente e profundo, o açafrão dá às preparações uma linda cor amarela. Não confunda com o açafrão-da-terra, outro nome da cúrcuma, que também tinge os alimentos de amarelo, mas tem um sabor completamente diferente.

COMBINAÇÃO DE SABORES

O açafrão tem um toque de amargor que combina por semelhança com ingredientes como amêndoas e raspas de frutas cítricas. Mas se destaca quando é associado a alimentos de sabor e cor mais neutros, como arroz, batata, couve-flor e feijão-branco. Também combina com peixe, frutos do mar, frango, cuscuz marroquino e pode ser misturado a outras especiarias, como cardamomo, canela e sementes de erva-doce.

PELO MUNDO

O açafrão é fundamental em pratos clássicos de vários países. É o responsável pela cor amarela do risoto à milanesa, do norte da Itália; perfuma a bouillabaisse, ensopado de frutos do mar de origem francesa; e é essencial na paella espanhola. Também entra em doces: ingleses e suecos têm receitas tradicionais de bolo de açafrão. Na culinária persa, essa especiaria tem lugar de destaque: entra em cozidos, receitas com arroz e também em drinques.

Anis-estrelado *Illicium verum*

ORIGEM: sudoeste da China e Vietnã

O anis-estrelado é um fruto que ganhou esse nome por seu formato de estrela. É usado na forma seca e tem aroma quente, doce e levemente apimentado, ainda mais intenso que o da semente de erva-doce, que também é conhecida como anis. Experimente colocar um único anis-estrelado para perfumar uma panela de arroz. A especiaria também entra em preparos doces, como caldas e geleias, e em bebidas alcoólicas, como aromatizante de licores e destilados, a exemplo do gim.

COMBINAÇÃO DE SABORES

Carnes, especialmente de porco, pato e peixe, combinam com o sabor do anis-estrelado, que remete ao alcaçuz. Ele também dá um toque especial a frutas (fica muito bom com pera!) e pode ser usado com outras especiarias, como canela, cominho e sementes de coentro. Experimente com chocolate e para aromatizar caldas.

PELO MUNDO

Tempero importante na cozinha da China, é usado em caldos e marinadas para carnes, além de fazer parte da mistura de cinco especiarias chinesas. A tradicional sopa vietnamita de macarrão e carne, pho, tem o anis-estrelado como base aromática do caldo.

Baunilha *Vanilla planifolia*

ORIGEM: México e América Central

A baunilha é uma especiaria obtida da fava ainda verde de orquídeas trepadeiras originárias da América Central. Leva de seis a nove meses para amadurecer e depois ainda passa por um longo processo de maturação e secagem — por esse motivo, a fava é uma das especiarias mais caras do mercado. Atenção: a essência de baunilha, muito usada para aromatizar doces, é uma versão sintética, que replica o sabor original da planta. A verdadeira baunilha é vendida em favas e também como extrato (feito com a fava, água, álcool e, às vezes, açúcar). Aromatiza bolos, biscoitos, sorvetes, cremes e uma infinidade de sobremesas. As favas maturadas de melhor qualidade têm cor castanho-escuro, são flexíveis e extremamente aromáticas. Algumas ainda são cobertas por uma camada de cristais brancos aromáticos. Para extrair as sementes, corte a fava no sentido do comprimento e depois deslize as costas da faca na superfície de cada metade. Uma fava tem o equivalente a 4 colheres (chá) de extrato. Se precisar só da metade, embale a outra parte com filme e guarde em um lugar seco e, de preferência, escuro. As sementes podem ser usadas diretamente nas receitas ou para aromatizar o leite, por exemplo. Depois de retirar as sementes, você pode guardar a fava num pote com açúcar, que vai ficar superperfumado.

COMBINAÇÃO DE SABORES
O perfume deliciosamente doce, com toques florais, é um convite para combinar a baunilha com o chocolate. Combina também com creme de leite, café, sobremesas com ovos, chá, frutas cozidas e outras especiarias, como cravo e canela. O uso em receitas salgadas é menos comum, mas a baunilha pode surpreender em preparações com peixe e mariscos.

Canela *Cinnamomum zeylanicum* e *Cinnamomum verum*

ORIGEM: Sri Lanka

A canela é uma casca de árvore aromática. Apesar de ser mais usada no Brasil em receitas doces, ela vai muito bem em preparações salgadas. É usada na culinária em duas versões: em pó e em rama. O pó não é solúvel (o que pode prejudicar a textura de alguns pratos) e tem o sabor mais acentuado, por isso costuma ser mais usado na finalização das receitas. A canela em rama tem sabor suave, que vai se desprendendo aos poucos durante o cozimento — a rama pode ser retirada antes de a preparação ir para a mesa, ou assim que se alcança o sabor desejado. Vale a pena ter os dois tipos na despensa.

COMBINAÇÃO DE SABORES
Com aroma doce e amadeirado, a canela "esquenta" as receitas. Vai bem com frutas, em especial com maçã, pera, banana e laranja, além de nozes e frutas secas. Chocolate, café e chá também gostam dessa especiaria. Nas receitas salgadas, a canela combina com carnes em geral, tanto vermelhas (boi e cordeiro) como de porco e até de frango. Legumes como abóbora, cenoura e berinjela ficam deliciosos com uma pitada de canela. Ela também conversa com o aroma de outras especiarias, como cominho, cardamomo, açafrão e, claro, o parceirão cravo-da-índia.

PELO MUNDO
Na Índia, a canela perfuma curries e pratos com arroz, como pilaf ou frango biryani. Na cozinha árabe, dá um sabor especial a carnes — uma pitadinha de canela na kafta faz toda a diferença. Marroquinos usam canela em tagines e mexicanos aromatizam com ela bebidas e preparações tradicionais, como o mole, creme espesso com chocolate e muitas especiarias, servido com frango e outras carnes.

Cardamomo *Elettaria cardamomum*

ORIGEM: Índia

O cardamomo vem de uma planta que é da mesma família do gengibre. É chamado de "a rainha das especiarias" na Índia e tem um aroma intenso e adocicado, com toques cítricos e florais e notas refrescantes de cânfora e eucalipto. As sementes vêm em pequenas bagas (quanto mais verdes, mais frescas), que lembram uma palha. Depois de extraídas das bagas, as sementes costumam ser trituradas para o uso em diversas preparações.

COMBINAÇÃO DE SABORES
As notas frescas do cardamomo fazem dele o par perfeito para ingredientes ricos em gordura, como carnes de porco e cordeiro, creme de leite, chocolate e oleaginosas. É ótimo para aromatizar o arroz e também pode ser usado em bebidas: café, smoothie de frutas e chá, por exemplo. Fica especialmente delicioso com manga, pera, coco e damasco.

PELO MUNDO
Na culinária indiana, o cardamomo entra em cozidos e pratos com arroz e compõe misturas de especiarias, além de aromatizar sobremesas, como o kulfi, um tipo de picolé cremoso. Na Escandinávia, ele é muito usado em pães, bolos, licores e conservas. Mas os grandes consumidores de cardamomo são os países do Oriente Médio, que adoram perfumar o café com a especiaria.

Cominho *Cuminum cyminum*

ORIGEM: Sudoeste Asiático

Uma das especiarias mais populares no Brasil, especialmente no Nordeste, o cominho é semente de uma planta da família Apiaceae, a mesma da salsinha. Pode ser encontrado na versão integral, para moer na hora, ou em pó, para usar a gosto — no livro *Comida & Cozinha*, o autor Harold McGee conta que os gregos e os romanos temperavam a comida com a especiaria mais ou menos como a gente faz hoje com a pimenta-do-reino: o cominho ficava em cima da mesa e era salpicado em praticamente tudo. Tostadas e moídas, as sementes de cominho liberam notas cítricas e amendoadas. Na panela, com óleo, a semente fica levemente mais picante e vibrante.

COMBINAÇÃO DE SABORES
O cominho tem uma afinidade especial com leguminosas, como lentilha, feijão e grão-de-bico. Também faz uma boa parceria com hortaliças, do chuchu à beterraba, passando pela couve-flor e até pela batata, mas fica particularmente saboroso com legumes que têm um toque de amargor, como a berinjela, o jiló e o espinafre. Combina com todos os tipos de carne, incluindo peixes mais gordurosos. Complementa o sabor de outras especiarias — por aqui, faz dupla com a pimenta-do-reino; na Índia, costuma andar sempre perto das sementes de coentro. Outras combinações possíveis: hortelã, damasco e limão-siciliano.

PELO MUNDO
No Nordeste brasileiro, o cominho é tempero para a comida do dia a dia, tão usado quanto a pimenta-do-reino — os dois ingredientes podem até ser comprados juntos e misturados, na versão moída. Mexicanos também são fãs da especiaria — o chilli não seria chilli sem cominho. Na cozinha alemã, ele entra no chucrute e aromatiza licores. O cominho também é muito presente nos cardápios da Índia, onde é empregado em receitas de cozidos, picles e até pães. Tempera ainda o cuscuz no norte da África e kebabs e vegetais no Oriente Médio.

Cravo-da-índia *Syzygium aromaticum*

ORIGEM: Ilhas Molucas, Malásia e Zanzibar

Apesar do nome, o cravo não tem origem indiana. É o botão de uma pequena flor que brota em uma árvore nativa das Ilhas Molucas, ou Ilha das Especiarias, na Indonésia. Essa especiaria tem aroma doce e penetrante, e seu sabor é levemente amargo e quente. Encontrado na versão integral (em dentes) e em pó, o cravo deve ser usado com cuidado, pois tem o sabor muito potente — é mais fácil dosá-lo com cravos inteiros do que em pó. Entra em doces diversos, preparações salgadas e é essencial no preparo de um bom caldo caseiro, seja ele de carne, de frango ou de legumes.

COMBINAÇÃO DE SABORES
O cravo tem um sabor tão potente e característico que precisa de companhia para ficar mais equilibrado. No Brasil, é par constante da canela, e casa muito bem com gengibre. Combina com várias frutas, principalmente as cítricas, mas em particular com maçã e pêssego, que têm o mesmo composto que dá sabor ao cravo: o eugenol. É ótimo para aromatizar compotas e indispensável no preparo de caldos caseiros. Entra em receitas com carne e fica bom especialmente com porco — pense no tender de Natal, todo cravejado. No arroz básico, um único dentinho de cravo muda tudo. Ele é surpreendente. Vai bem com repolho, abóbora, cebola... A cebola cravejada, inclusive, é ótima para temperar sopas, risotos, ensopados e até arroz.

PELO MUNDO
Por aqui, o cravo vai com a canela em doces tradicionais, como canjica e ambrosia. Em países europeus e nos Estados Unidos, entra em bolos, biscoitos e compotas. No Oriente Médio e no norte da África, aromatiza cozidos substanciosos com carne. Na Índia, perfuma chutneys, curries e receitas com arroz. É ainda ingrediente essencial em diversas misturas de especiarias, como o garam masala indiano, as *quatre épices* francesas, o ras el hanout, típico do Marrocos, e as cinco especiarias chinesas.

Cúrcuma *Curcuma longa*

ORIGEM: Indochina

Cúrcuma, ou açafrão-da-terra, é da mesma família do gengibre. Vem de uma raiz que é seca e moída para se transformar em um pó com sabor sutil, levemente amargo e um pouco terroso. Sua cor, amarelo intenso (em sânscrito, cúrcuma quer dizer amarelo), matiza o arroz da galinhada, pães e outras preparações. Quando misturada com bicarbonato e submetida ao calor, deixa o bolo avermelhado. Esse pó amarelo dá cor ao curry indiano — quando você prepara uma receita com o tempero, está usando cúrcuma, já que ela representa de 25% a 50% do peso do curry.

COMBINAÇÃO DE SABORES
O efeito mais notório da cúrcuma nas receitas é a cor amarela que ela dá às preparações. Mas a especiaria também complementa o sabor do frango, de peixes e de frutos do mar, e combina com legumes como batata e couve-flor, além de cair bem com arroz e leguminosas, como lentilha.

PELO MUNDO
A cúrcuma é um ingrediente-chave na culinária indiana. É a responsável pelo tom amarelado do curry e costuma ser polvilhada sobre peixes e outros alimentos antes do cozimento. A especiaria também é um ingrediente frequente em países asiáticos, como o Nepal, e no Oriente Médio. Mas a cúrcuma não se restringe ao lado leste do globo. Em países caribenhos, ela colore o arroz e pratos diversos, especialmente com frango. No Brasil, a cúrcuma não pode faltar na galinhada.

Gengibre em pó *Zingiber officinale*

ORIGEM: China

O gengibre fresco é considerado um legume aromático que tempera do feijão brasileiro aos picadinhos orientais de carnes e legumes — dá picância e frescor às preparações. Já o gengibre em pó é classificado como especiaria. Tradicionalmente, entra no preparo de doces como biscoitos e bolos. Também é picante, aquece os pratos, mas perde um pouco do frescor. O gengibre em pó é obtido a partir da moagem da versão seca do alimento. Na falta do produto fresco, ele também pode ser usado em preparos de pratos salgados.

COMBINAÇÃO DE SABORES
O gengibre é uma especiaria versátil que complementa bem outros temperos, como a hortelã, a laranja e o limão, o shoyu (molho de soja), a cebolinha e o óleo de gergelim. Sabores doces como mel, melaço e chocolate são boas companhias para ele. Também é ótimo para temperar carnes e legumes.

Noz-moscada *Myristica fragrans*

ORIGEM: Ilhas Molucas

A noz-moscada é o caroço de um fruto semelhante ao damasco, de uma árvore nativa do Sudeste Asiático. O sabor é doce, quente e levemente picante. Mas, se usada em grande quantidade, a noz-moscada deixa um sabor metalizado na comida. A noz da moscadeira tem uma membrana avermelhada, chamada macis, que também é usada na culinária. Os sabores do macis são mais delicados e sutis, mas a especiaria não é facilmente encontrada no Brasil.

COMBINAÇÃO DE SABORES

Apesar de ser uma especiaria quente, a noz-moscada tem um frescor que ajuda a balancear alimentos gordurosos, especialmente os derivados do leite, como creme de leite e queijos. Ela, aliás, é o segredo do molho branco saboroso. Quando adicionada a ingredientes de sabor mais neutro, como a batata, revela toda a sua complexidade de aromas. Combina também com carnes, em particular de frango e cordeiro; vegetais como abóbora, repolho, espinafre e cogumelos; e frutas, entre elas maçã e abacate.

PELO MUNDO

O bechamel, molho branco francês, talvez seja a aplicação mais famosa da noz-moscada. A especiaria também entra na versão de molho branco da moussaka grega e em receitas de lasanha na Itália. Britânicos não dispensam uma raladinha da noz no custard, o creme de ovos que faz parte de várias sobremesas. A especiaria é igualmente boa de drinques: vai no eggnog, um tipo de gemada com uma dose de álcool popular nos Estados Unidos, e no glogg, o vinho quente dos escandinavos.

Páprica *Capsicum annuum L.*

ORIGEM: América Central

A páprica doce nada mais é do que o pimentão seco e moído. A versão defumada vem do pimentão que passou por defumação. Já a picante é a páprica misturada com pimenta-do-reino. Além de dar sabor, a páprica dá cor às preparações. Ela é usada em cozidos, como o goulash húngaro, e também entra em finalizações, como nos deviled eggs.

COMBINAÇÃO DE SABORES

A cor e o sabor apetitoso da páprica são ótimos para compor marinadas secas para carnes, sejam elas para grelhar ou assar. Ela também complementa o sabor de outras especiarias e ervas, como cravo, pimenta-da-jamaica, alecrim e sálvia, por isso é muito usada em misturas de temperos. Para temperar legumes, experimente usar a páprica defumada: ela dá a esses alimentos um sabor intenso, que remete a um grelhado.

PELO MUNDO

A páprica é o tempero húngaro por excelência. Brilha no goulash, o cozido de carne típico do país do Leste Europeu, e em receitas com frango, peixe e legumes. Na Espanha, a especiaria também tem lugar de honra, principalmente na versão defumada. As patatas bravas (batatas fritas salpicadas com páprica) estão entre os petiscos mais populares no país. A páprica é igualmente essencial na fabricação de chorizos e no preparo de marinadas secas para carnes, especialmente de porco e de frango.

Pimenta-caiena *Capsicum annuum*

ORIGEM: México

Esta pimenta do gênero *Capsicum* é mais frequentemente encontrada na versão em pó — a pimenta, de um vermelho vivo, é seca e depois moída. Quanto mais tempo cozinha, mais ardida ela fica. Se quiser moderar no ardor, portanto, deixe para acrescentar uma pitada de pimenta-caiena no fim do preparo.

COMBINAÇÃO DE SABORES
Como é bem picante, a pimenta-caiena não deve ser usada com ingredientes de sabor muito delicado. Mas ela pode dar aquela esquentada em peixes e frutos do mar, em carnes e legumes, em especial pimentão e tomate. Também combina com ervas, como manjericão e coentro, e outras especiarias, como cominho e sementes de coentro.

PELO MUNDO
É um ingrediente importante nas culinárias crioula e cajun, no sul dos Estados Unidos, em que entra em molhos picantes e pratos tradicionais, como o *jambalaya*, uma espécie de paella bem apimentada.

Pimenta calabresa
Capsicum annuum ou *Capsicum baccatum*

ORIGEM: América do Sul

Apesar de sua popularidade, nem todo mundo sabe que esta especiaria nada mais é do que a pimenta vermelha seca, picada grosseiramente para formar flocos. Pode ser feita com a pimenta dedo-de-moça (uma das espécies mais conhecidas no Brasil) ou com a pimenta-caiena.

COMBINAÇÃO DE SABORES
A pimenta calabresa dá o toque picante à nossa velha conhecida linguiça calabresa. Como outras pimentas do gênero *Capsicum*, vai bem com temperos frescos, que quebram um pouco a picância, como folhas de coentro e limão. Combina com todos os tipos de carne, legumes e feijões.

Pimenta-da-jamaica *Pimenta dioica*

ORIGEM: América do Sul e América Central

Esta é uma especiaria muito curiosa: seu aroma lembra o de canela, cravo e noz-moscada. Se a receita pede pimenta-da-jamaica e você não tem um punhado à mão, pode perfeitamente substituir por esses três ingredientes juntos. Há até quem ache que ela é uma mistura de temperos, e não uma única especiaria — confusão reforçada pelo nome em inglês do ingrediente: allspice. Na verdade, a pimenta-da-jamaica é o frutinho seco de uma árvore alta da família da murta. Pode ser usada triturada, em receitas doces e salgadas, ou inteira, em drinques e compotas.

COMBINAÇÃO DE SABORES
A pimenta-da-jamaica é muito usada na culinária caribenha em marinadas para carnes, principalmente de frango. Vai bem com frutas assadas e é ótima para aromatizar compotas. Também combina com legumes, em especial com abóbora — é um ingrediente importante na torta de abóbora, tradicional sobremesa americana.

PELO MUNDO
A especiaria é ingrediente fundamental no jerk chicken, o frango à moda jamaicana, que recebe uma marinada picante e é assado na brasa. Tempera curries na Índia, cozidos no Oriente Médio e tagines no norte da África. Na Escandinávia, costuma entrar nas conservas de arenque. Nos Estados Unidos e na Europa, é usada para aromatizar bolos, biscoitos e sobremesas, como a tradicional torta de maçã americana.

Pimenta-do-reino *Piper nigrum*

ORIGEM: Índia

A pimenta-do-reino adiciona picância aos mais diferentes preparos. A semente pode ser colhida ainda verde e ganhar a coloração escura depois de secar ao sol. A pimenta-do-reino do tipo branca e a pimenta-preta são, na verdade, da mesma espécie. A diferença é que, na versão branca, a casca escura é eliminada. O teor de pungência entre as duas é o mesmo, mas a branca tem o aroma mais suave e era indicada, por questões estéticas, para peixes brancos e molhos claros — na gastronomia contemporânea, isso não parece mais ser uma questão. A pimenta-do-reino também pode ser encontrada na versão verde, seca ou em conserva. O sabor picante dessa especiaria vem de um composto chamado piperina, sensível à luz. Moída na hora, ela mantém suas propriedades e o aroma mais fresco. Por isso, evite usar a pimenta-do-reino vendida em pó.

COMBINAÇÃO DE SABORES
Pimenta-do-reino é igual a jeans: vai basicamente com tudo. Além de temperar carnes, aves, peixes e legumes, a especiaria pode ser usada em receitas doces, com frutas e em bebidas quentes. No chá de gengibre ou de maçã, uma pitadinha esquenta a bebida de um jeito diferente.

PELO MUNDO
No mundo todo se usa pimenta-do-reino. Entra em preparações de base, como caldos e marinadas, tempera carnes e legumes e vai até em doces, como os tradicionais biscoitos de Natal na Alemanha. Alguns momentos em que é protagonista: no cacio e pepe (massa com pimenta-do-reino e queijo pecorino) da Itália; no steak au poivre da França; e no refogado de carne com pimenta-do-reino chinês.

Pimenta-rosa *Schinus terebinthifolius*

ORIGEM: América do Sul

A pimenta-rosa é o fruto da aroeira, árvore nativa da América do Sul. O aroma é levemente picante, mas o sabor é adocicado, nem um pouco ardido. Deve ser usada com moderação: não só porque o gosto se torna enjoativo, mas também porque ela pode ter efeitos tóxicos se consumida em excesso. Com tons que vão do rosa ao vermelho, essas bolinhas são muito usadas na decoração de pratos, tanto salgados quanto doces.

COMBINAÇÃO DE SABORES
Cai bem em molhos para salada, especialmente aqueles que levam frutas cítricas. Entra em receitas de peixe e porco. Realça o sabor de frutas, como morango e melão, e também combina com chocolate. Fica ótima misturada à pimenta-do-reino — não é raro encontrar as duas variedades vendidas juntas no mesmo moedor.

PELO MUNDO
Na França, a especiaria é valorizada pelo sabor suave e adocicado. Vai no molho de cordeiro ou de pato, no carpaccio de carne, em molhos de salada e combinada a queijo de cabra. Em sobremesas, faz par com chocolate. Na China, é usada em marinadas; na culinária thai, entra na combinação do curry; no Japão, dá sabor ao molho ou à crosta de peixes.

Semente de coentro *Coriandrum sativum*

ORIGEM: sul da Europa e Oriente Médio

Especiaria surpreendente, a semente de coentro é completamente diferente da erva fresca. É quente e, ao mesmo tempo, fresca, com aroma cítrico, levemente pungente, com toques de limão e casca de laranja. A semente não é muito dura e pode ser usada inteira ou triturada num pilão. Além de entrar em cozidos, ensopados, refogados e assados, a especiaria é muito usada em conservas e pode aromatizar drinques, bolos, biscoitos e outras sobremesas.

COMBINAÇÃO DE SABORES
A semente de coentro vai com todos os tipos de carne, especialmente de peixe, frango e porco. Também cai bem com leguminosas, como feijão, ervilha e lentilha. É ótima para ser usada em conjunto com outras especiarias — ela complementa os sabores. Combina com cominho, cardamomo, canela, cravo, além de outros ingredientes picantes. Casa com alho e raspas de frutas cítricas. Se você ama café e costuma moer os grãos em casa, experimente colocar semente de coentro no moedor: o aroma fica incrível.

PELO MUNDO
Com sabor completamente diferente do das folhas do coentro, essa semente é indispensável no faláfel, bolinho de grão-de-bico popular no Oriente Médio. Faz dupla com o cominho em diversos pratos da culinária indiana — por lá, costuma ser tostada na frigideira antes de ser moída, para liberar melhor os aromas (dica: se for usar em doces ou receitas de forno, o melhor é não tostar antes). Entra em misturas de especiarias no Egito, na Etiópia e em outros países africanos. Na Europa e nos Estados Unidos, é mais usada para aromatizar picles e também em receitas de bolos e biscoitos.

Semente de erva-doce
Pimpinella anisum

ORIGEM: Oriente Médio

As sementes de erva-doce, também conhecidas como anis, vêm de uma família de plantas grande, a da Apiaceae, assim como o funcho, o cominho, a salsinha e o estragão. O que combina com um geralmente combina com o outro. Como o nome já entrega, o sabor é adocicado; o aroma é forte e penetrante. No Brasil, é ingrediente tradicional do bolo de fubá. Na broa portuguesa, nunca falha. A especiaria é muito usada para aromatizar bebidas alcoólicas. As sementes são pequenas e podem entrar inteiras nas receitas, mas, se preferir moer, uma dica é antes tostar rapidamente a especiaria numa frigideira, a seco.

COMBINAÇÃO DE SABORES
Peixe e semente de erva-doce são uma combinação certeira e muito elegante. A especiaria também faz uma boa parceria com carne de porco e frango, especialmente em ensopados, e dá um toque delicioso ao molho de tomate. Outros bons casamentos: frutas cítricas, abacaxi, maçã e queijo de cabra.

PELO MUNDO
A sementinha que dá o maior charme ao bolo de fubá no Brasil também aromatiza bolos, biscoitos e pães na Escandinávia, Itália, Alemanha e em outros países europeus. Na Índia, essas sementes entram em receitas com peixes, frutos do mar e vegetais, finalizam pratos com lentilha, são usadas no chai, o tradicional chá indiano com especiarias, e ainda costumam ser mastigadas para refrescar o hálito após as refeições. A semente de erva-doce também é a base de várias bebidas, como o ouzo, na Grécia, e o arak, destilado árabe.

Semente de mostarda *Brassica alba* [amarela], *Brassica juncea* [marrom], *Brassica nigra* [preta]

ORIGEM: Mediterrâneo

Diferentemente de outras especiarias, a semente de mostarda *in natura* quase não tem aroma. A substância que dá a essa especiaria seu perfume e seu sabor quente e pungente só é liberada em meio líquido. Em receitas indianas, por exemplo, os grãozinhos são aquecidos em óleo até que estourem. As sementes de mostarda podem ser marrons, pretas (mais raras) ou amarelas (também chamadas de brancas). As mostardas vendidas em pasta, temperadas com outros condimentos, costumam conter diferentes tipos de semente.

COMBINAÇÃO DE SABORES
As sementes de mostarda são muito usadas para aromatizar conservas, especialmente picles de pepino. Combinam muito com repolho (mostarda e repolho são parentes) e com salada de batata. O sabor marcante da especiaria rende boas misturas com outros ingredientes potentes, como vinagre, embutidos, alho e mel. Sementes de mostarda vão bem com todos os tipos de carne.

Sumac (sumagre) *Rhus coriaria*

ORIGEM: Mediterrâneo

Ingrediente de destaque na cozinha do Oriente Médio, o sumac é o frutinho de um arbusto. De sabor cítrico, ele é muito usado como substituto do limão por conferir um toque de acidez aos preparos. Geralmente o sumac é vendido seco e moído. É ideal para polvilhar os pratos antes de servir.

COMBINAÇÃO DE SABORES
A acidez do sumac combina com peixes, especialmente grelhados, frango e cordeiro. Popular na cozinha de países como Turquia, Líbano, Iraque e Irã, tempera kebabs e saladas, pode ser misturado ao iogurte e combina com legumes, entre eles tomate, berinjela, beterraba e cebola. Também é ótimo para temperar salada de folhas. Basta polvilhar na hora de servir.

Urucum *Bixa orellana*

ORIGEM: América tropical

As sementes de urucum têm formato triangular e são bem duras. Vêm de cápsulas cobertas de espinhos que brotam em árvores baixinhas. O urucum tem aroma levemente picante e agridoce, mas o gosto é suave — ele dá mais cor do que sabor às preparações. É usado, inclusive, para colorir queijos e manteiga. No Brasil, essa especiaria é mais conhecida na forma de colorau, uma mistura de urucum moído e amido. As sementes também podem ser usadas em infusões com óleo para dar cor e um leve sabor a receitas diversas.

COMBINAÇÃO DE SABORES
Como o urucum tem mais cor do que sabor, sua função nas receitas é, principalmente, estética: dá um tom apetitoso a ensopados e cozidos, em especial de frango, legumes e peixe. A moqueca capixaba é um prato tradicional que leva óleo de urucum. Também é ótimo para colorir pratos com arroz, como galinhada e arroz lambe-lambe, que leva mariscos.

PELO MUNDO
Na cozinha mexicana, o urucum em pó ou em pasta é usado em tamales (um tipo de pamonha salgada) e pratos com carne, porco e peixe.

Combinações que deram muito certo

Cinco especiarias chinesas *Mix de especiarias*

ORIGEM: China

Anis-estrelado, canela, cravo, sementes de erva-doce e pimenta-de-sichuan são as especiarias que normalmente compõem essa mistura tradicional chinesa. Apesar do nome, ela às vezes contém mais de cinco especiarias — gengibre, cardamomo e raspas desidratadas de laranja, por exemplo, podem ser incluídos no tempero. Os ingredientes são triturados e em geral entram na mesma proporção, mas o aroma e o sabor do anis-estrelado costumam predominar. A mistura também é bastante usada em receitas vietnamitas.

COMBINAÇÃO DE SABORES
Levemente picantes e com toque adocicado, as cinco especiarias chinesas combinam com carnes mais gordurosas, como pato e porco. Essa mistura pode entrar tanto em marinadas secas como em cozidos e refogados. Também tempera pratos vegetarianos e cai bem até com frutas frescas ou em compotas.

Curry *Mix de especiarias*

ORIGEM: Índia

Uma das misturas de temperos mais populares no mundo, o curry em pó é uma criação dos colonizadores britânicos para facilitar a exportação para o Ocidente das especiarias que identificam os sabores da culinária indiana. Por isso mesmo, não existe uma receita única. Mas, geralmente, são incluídos na preparação: cúrcuma, sementes de coentro, canela em pó, sementes de mostarda, cominho, sementes de erva-doce, noz-moscada, cardamomo e pimenta-do-reino — a composição e a proporção dependem da região e da cultura familiar. No Ocidente, a mistura mais facilmente encontrada em mercados é a versão de Chennai (antiga Madras), do sul da Índia, com ardência bastante acentuada. Entre os seus ingredientes estão sementes de coentro, cominho, pimenta vermelha, gengibre, pimenta-preta, canela em pó, cardamomo e cúrcuma.

COMBINAÇÃO DE SABORES

O curry em pó indiano casa bem com carnes vermelhas, aves e peixes; ensopado de vegetais; e legumes, como cenoura e batata. Também combina com arroz, lentilha, leite de coco e iogurte, e é ótimo para temperar nozes e castanhas. Folhas de coentro e curry fazem um par perfeito.

Pimenta síria *Mix de especiarias*

ORIGEM: Síria

Apesar do nome, a pimenta síria não é um tipo específico de pimenta, nem é muito picante. É uma mistura que combina várias especiarias, como pimenta-do-reino, pimenta-da-jamaica, cravo, canela e noz-moscada. Conhecida também como ba-har ou sabaa baharat, é muito usada nas culinárias síria e libanesa; indispensável no preparo de pratos como quibe, kafta, kebab e no recheio de esfihas.

COMBINAÇÃO DE SABORES
Esse é o tipo de tempero que vai com tudo: carnes em geral, principalmente cordeiro e carne moída, peixes grelhados e preparações com arroz são algumas alternativas. Pode entrar tanto no início quanto na finalização das receitas. A pimenta síria dá um toque diferente aos legumes e verduras refogados, como berinjela e escarola. Pode ser usada em sobremesas e preparações agridoces: avelã com sal, açúcar e pimenta síria vira um petisco incrível.

Ras el hanout *Mix de especiarias*

ORIGEM: Marrocos

Essa mistura criada no Marrocos e usada em todo o norte da África costuma conter pelo menos 20 especiarias, mas o número pode chegar a 50, dependendo do produtor. Não é à toa que se trata de um tempero extremamente aromático e com sabor complexo: é quente, com notas florais; robusto, mas cheio de sutilezas. Entre as especiarias que costumam fazer parte do ras el hanout estão sementes de coentro e erva-doce, cardamomo, pimenta-do-reino, gengibre, noz-moscada, cúrcuma e cominho. Podem entrar também botões de rosa e lavanda desidratados.

COMBINAÇÃO DE SABORES
Com tantas nuances de aroma e sabor, o ras el hanout acaba combinando com uma infinidade de ingredientes: vai com todos os tipos de carne, incluindo peixes e frutos do mar; aromatiza cozidos, tagines, grelhados e sopas. No kebab, é indispensável. Tempera ainda o cuscuz, o arroz e legumes diversos.

Zátar *Mix de especiarias*

ORIGEM: Oriente Médio

Mistura de ervas e especiarias, zátar é um tempero popular no Oriente Médio. A composição varia, mas o tomilho não pode faltar — por sinal, zátar também é o nome de um tipo de tomilho selvagem (*Thymbra spicata*). Outros ingredientes que costumam estar presentes nesse mix são o gergelim e o sumac, além de orégano, manjerona e cominho. É muito comum em pratos árabes, como na esfiha e no tradicional hommus ma lahma (carne com homus).

COMBINAÇÃO DE SABORES

Quem não está acostumado a cozinhar com zátar pode começar usando-o como um substituto do tomilho. Assim como essa erva, o zátar combina com carne vermelha, frango e legumes, entre eles berinjela e abobrinha. Misturado com azeite e pincelado sobre o pão, fica delicioso. Adicione umas pitadinhas de zátar sobre a coalhada seca, com um pouco de azeite, e está pronta uma pastinha para servir para os amigos.

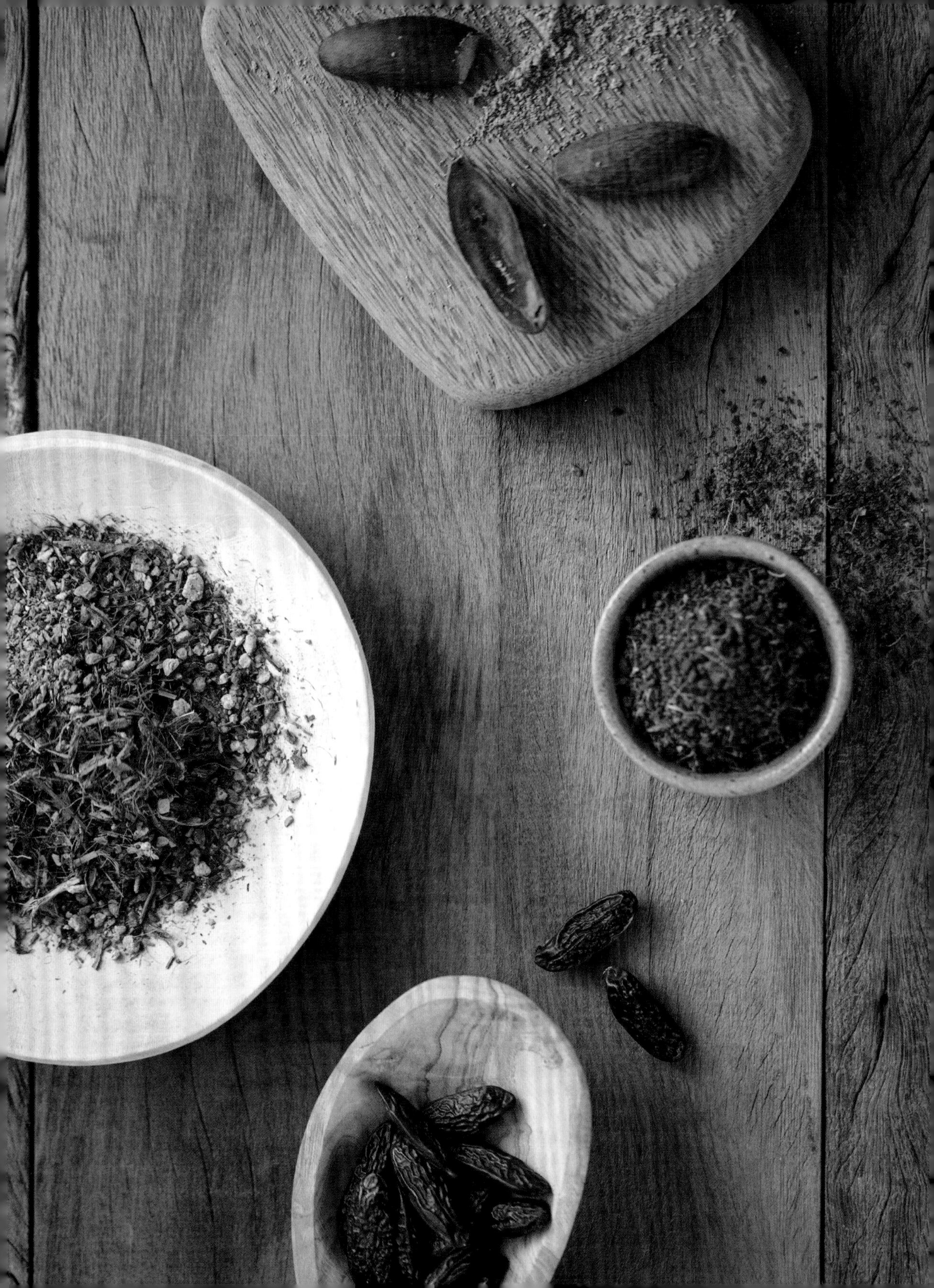

Coisas do Brasil

Aviso aos navegantes: nós também temos especiarias.

É muito difícil encontrar na prateleira do mercado um saquinho de puxuri ou de priprioca. Quem sabe daqui a algum tempo... É que essas são especiarias brasileiras pouco conhecidas, mas que vêm ultrapassando as fronteiras regionais por influência de alguns chefs de cozinha. Você vai ver a seguir as características de sete delas. Se bater aquela curiosidade, vale procurar em empórios especializados em temperos, fornecedores de ingredientes amazônicos ou casas de produtos naturais.

1 Amburana *Amburana*

Árvore brasileira nativa do sertão nordestino, é chamada também de cumaru-do-ceará, cumaru-das-caatingas e umburana. Suas sementes têm aroma doce e perfumado, que lembra baunilha e cumaru (a amburana contém cumarina, a mesma substância aromática da semente amazônica). A infusão das sementes de amburana perfuma bebidas e doces — a preparação de *crème brûlée* de doce de leite aromatizada com amburana, do chef Rodrigo Oliveira, faz sucesso no restaurante Mocotó, em São Paulo. A madeira da árvore é muito usada para envelhecer cachaça. Além do aroma adocicado, os tonéis de amburana conferem cor dourada à bebida.

2 Baunilha-do-cerrado *Vanilla edwallii*

O nome entrega a origem desta especiaria: o cerrado brasileiro. As enormes favas, que vêm de orquídeas amarelas, podem chegar a 25 cm de comprimento e possuem formato alongado similar ao de uma banana — não por acaso, a especiaria também é chamada de baunilha-banana. Pode ser usada da mesma forma que a baunilha convencional: as sementinhas aromatizam doces, sorvetes, infusões e outros preparos.

3 Cumaru *Dipteryx odorata*

Com sabor adocicado e notas de coco, amêndoa e baunilha, as sementes de cumaru fazem sucesso em sorvetes, cremes e sobremesas diversas. O chef paraense Thiago Castanho gosta de usar essa especiaria de origem amazônica em receitas com leite, como o pudim com calda de cumaru e tapioca caramelizada, servido no restaurante Remanso do Peixe, em Belém. Assim como a noz-moscada, que tem efeito tóxico em grandes quantidades, o cumaru também deve ser usado em pequenas doses, ralado ou em infusão.

4 Pacová *Renealmia exaltata*

Em tupi-guarani, pacová quer dizer "folha enrolada". A planta, nativa da América do Sul, produz sementinhas com um aroma que lembra o de cardamomo, mas é ainda mais intenso. O sabor remete um pouco ao do gengibre. Conhecido como "cardamomo brasileiro", o pacová pode ser usado para aromatizar o café ou para compor uma mistura de especiarias — triturado com pimenta-do-reino, cravo e canela, por exemplo, vira tempero para carnes, frangos e vegetais. Para pratos doces, basta socar no pilão um pouco das sementes com açúcar, peneirar e usar em chás aromáticos, frutas, bolos, biscoitos de especiarias e docinhos. O pacová também tem sido usado para aromatizar gins nacionais.

5 Pimenta-de-macaco *Xylopia aromatica*

Semente de uma árvore do cerrado, a pimenta-de-macaco tem sabor picante, porém mais suave que o da pimenta-do-reino, e com notas amadeiradas. Pode temperar carnes, feijão e legumes e deve entrar, preferencialmente, no fim do preparo.

6 Priprioca *Cyperus articulatus*

Com aroma amadeirado, marcante, e notas florais, esta raiz extraída de uma erva amazônica dá um sabor surpreendente a sobremesas e também a drinques. Cai muito bem com chocolate — o chef chocolatier Diego Lozano já aromatizou trufas e ganache com priprioca.

7 Puxuri *Licaria puchury-major*

Também de origem amazônica, esta semente lembra o cardamomo e a noz-moscada, mas com sabor mais mentolado. Pode entrar em pratos doces e salgados. Como a noz-moscada, o puxuri deve ser ralado. O chef Felipe Schaedler, à frente do restaurante Banzeiro, em São Paulo, finaliza a panna cotta com essa especiaria brasileira, ralada na hora.

Notas sobre as pimentas
Arder ou não arder, eis a questão.

Além da pimenta-do-reino e de outras versões moídas, uma forma de acrescentar aquela dose de emoção ao prato são as pimentas do gênero *Capsicum*. Esses frutos originários da América do Sul nascem em pequenos arbustos e são as especiarias mais cultivadas do mundo. Vão para a mesa *in natura*, em conserva, em molhos, em pastas ou secas (como a pimenta calabresa, em flocos). As pimentas frescas têm cores, formatos e, principalmente, graus de pungência variados. Há desde as adocicadas, que podem ser consumidas como hortaliças (um exemplo é o pimentão, que também dá origem à páprica), até aquelas que fazem a gente soltar lágrimas pelos olhos e fogo pelas ventas — malagueta, cumari e habanero são para os fortes!

A quantidade a ser usada, portanto, varia de acordo com a potência da danada e a coragem do freguês. Nas cozinhas indiana, mexicana e coreana, as pimentas ocupam lugar de destaque. A nossa culinária baiana também não dispensa um toque ardido. Ao usar esses ingredientes, lembre-se de duas dicas importantes. Primeira: as sementes e o miolo concentram o ardor. Se quiser um efeito mais suave, não use essas partes da pimenta na receita. Segunda: após manusear esses ingredientes, limpe muito bem as mãos para evitar acidentes, como coçar os olhos com os dedos apimentados. Vale também usar luvas para manipular as pimentas ou passar óleo de cozinha antes de lavar as mãos, já que a gordura dissolve a capsaicina, substância responsável pelo ardor.

Em grão é melhor

Pode parecer frescura, mas não é: um moedor para pimenta-do-reino faz parte da lista de utensílios indispensáveis. Ao ser triturada, a pimenta começa a liberar seus óleos essenciais. Ou seja, recém-moída, está no auge do sabor. Já aquela comprada em pó passou tanto tempo na prateleira do supermercado ou na despensa de casa que perdeu quase toda a sua graça. Ainda arde e ainda queima, pode ser. Mas já não perfuma a panela. O segredo é avaliar a intensidade do uso: se você é do tipo que coloca pimenta-do-reino em tudo, vale investir em um bom moedor e comprar a pimenta em grãos a granel. Se usa só de vez em quando, pode comprar aquele moedor descartável, que já vem abastecido de pimenta. Essa dica não vale só para a pimenta-do-reino. Praticamente todas as especiarias são melhores em sua versão integral. A noz-moscada, por exemplo, é infinitamente mais aromática quando ralada na hora. Além disso, dependendo da especiaria, a opção em pó pode ser muito forte. Cravo, por exemplo, é bem mais fácil de dosar com os dentinhos. Quer mais um motivo para dar preferência às especiarias vendidas inteiras? Você tem certeza de que não está levando nenhum outro ingrediente misturado a elas. Caso não encontre a especiaria integral, leia o rótulo antes da compra para verificar se não foi adicionado amido ao tempero.

AROMAS BEM GUARDADOS
É cada pote colorido de dar gosto!

A gente se anima a experimentar sabores novos e sai comprando especiarias. Quando vê, acumulou uma quantidade maior do que é capaz de consumir em tempo hábil — a saber, o período pelo qual as especiarias conseguem manter sua potência, que vai naturalmente se perdendo com o tempo. Bem armazenadas, é possível prolongar o prazo de validade delas. Algumas dicas:

➡ Compre em quantidades pequenas. Assim, elas não passam muito tempo guardadas e são usadas enquanto ainda estão em sua melhor forma.

➡ Para armazenar, o melhor jeito é colocar cada especiaria em um pote de vidro com bom fechamento e fácil identificação. Pode ser com canetinha permanente mesmo (sai com álcool depois). Nos saquinhos em que são comercializadas, as especiarias perdem o aroma mais rapidamente depois de abertas.

➡ Algumas especiarias, como a pimenta-do-reino, oxidam quando em contato com a luz, e, com isso, perdem sabor, aroma e até a cor. Por isso, deixar aquele moedor transparente em cima da mesa não é muito indicado. Melhor guardar no escurinho do armário.

➡ A cúrcuma, por exemplo, vai perdendo a intensidade da cor se ficar exposta e vai ficando clarinha, sem vida...

➡ Especialmente o cardamomo e a noz-moscada não devem ser comprados já moídos, em pó. Perdem totalmente o sabor e o aroma. Desperdiçar essas joias culinárias? Jamais. Compre a noz-moscada inteira e rale quando for usar; compre o cardamomo em baga e abra só na hora da preparação.

Reutilize potes de vidro para armazenar especiarias

Acabou a conserva, raspou a geleia até o fim? Não se desfaça tão rapidamente dos potes. Eles são ótimos para guardar especiarias, como canela em pau e cravo-da-índia (além de temperos como folhas de louro). O segredo é lavar, esterilizar e deixar secar antes de reutilizar.

EM ÁGUA FERVENTE: coloque um pano de prato limpo no fundo de uma panela grande, encha com bastante água e ponha, com cuidado, o vidro e a tampa já lavados. O pano de prato evita que o pote de vidro trinque ao bater contra o fundo da panela durante a fervura. Leve ao fogo alto para ferver por 15 minutos. Desligue o fogo e use uma pinça de cozinha para retirar os itens da água, sempre com cuidado para não se queimar nem deixar o vidro cair. Disponha sobre outro pano de prato limpo e seco, estendido em uma bancada seca.

Toda atenção:

Depois de esterilizado, o vidro quente pode estourar se entrar em contato com uma superfície muito gelada, como o mármore; por isso o pano seco é essencial. Só use os potes esterilizados depois que eles esfriarem e secarem totalmente.

NO FORNO: lave o vidro e a tampa com detergente, deixe escorrer bem e leve ao forno, numa assadeira, a 140 °C por 15 minutos. Retire e deixe esfriar na bancada ou na grade do fogão.

NA MÁQUINA DE LAVAR: coloque vidro e tampa para lavar no ciclo quente. Eles vão sair secos e esterilizados.

NO MICRO-ONDAS: coloque 4 colheres (sopa) de água dentro dos vidros e leve ao micro-ondas por 2 minutos. Este método não é indicado para os vidros com tampa acoplada por articulação metálica nem para tampas de metal.

RECEITAS

Castanha-de-caju apimentada

Castanha-de-caju crocante e agridoce que não precisa ir ao forno: é na frigideira que tudo acontece. O truque é misturar bem as castanhas com azeite e água para as especiarias ficarem grudadinhas. Viciante!

TEMPO DE PREPARO 20 minutos
RENDE 4 porções

1 xícara (chá) de castanha-de-caju torrada sem sal (cerca de 150 g)
½ colher (chá) de gengibre em pó
¼ de colher (chá) de pimenta-caiena
1 colher (chá) de açúcar
½ colher (chá) de água
½ colher (chá) de azeite (ou óleo)
sal a gosto

1 Numa tigela, coloque as castanhas e tempere com as especiarias, o açúcar e sal a gosto. Acrescente a água e o azeite e misture bem para envolver as castanhas com os temperos.
2 Leve uma frigideira média antiaderente ao fogo baixo. Coloque as castanhas e deixe aquecer por 1 minuto, sem mexer, até o açúcar começar a derreter. Mantenha as castanhas em fogo baixo, mexendo de vez em quando por 15 minutos, até ficarem douradas e sequinhas — evite mexer em excesso, pois as especiarias podem se soltar das castanhas.
3 Transfira as castanhas para uma assadeira pequena (ou travessa) e deixe esfriar completamente antes de servir ou armazenar. Sirva como petisco na *happy hour*, com saladas, risotos ou sopas.

Arroz com curry

Um pouquinho de curry na hora de refogar e pronto: o arroz que era branquinho, básico, ganha cor e perfume novos, além de um sabor irresistível!

TEMPO DE PREPARO 30 minutos
RENDE 4 porções

1 xícara (chá) de arroz
2 xícaras (chá) de água
½ cebola
1 colher (sopa) de azeite
1 colher (chá) de curry em pó
½ colher (chá) de sal
1 folha de louro

1 Numa chaleira, leve um pouco mais de 2 xícaras (chá) de água ao fogo baixo para ferver. Descasque e pique fino a cebola.
2 Leve uma panela pequena ao fogo baixo. Quando aquecer, regue com o azeite, junte a cebola e refogue por cerca de 2 minutos, até murchar. Acrescente o arroz, a folha de louro, o curry e o sal. Mexa bem para envolver todos os grãos com o azeite por cerca de 1 minuto — isso ajuda a deixar os grãos soltinhos depois de cozidos.
3 Meça 2 xícaras (chá) da água fervente e regue o arroz. Misture e aumente o fogo para médio. Não mexa mais.
4 Assim que a água começar a secar e atingir o mesmo nível do arroz, diminua o fogo e tampe parcialmente a panela. Deixe cozinhar até o arroz absorver toda a água — para verificar se a água secou, separe os grãos com um garfo até conseguir ver o fundo da panela.
5 Desligue o fogo e mantenha a panela tampada por 5 minutos para os grãos terminarem de cozinhar no próprio vapor. Em seguida, solte os grãos com um garfo, transfira para uma tigela e sirva a seguir.

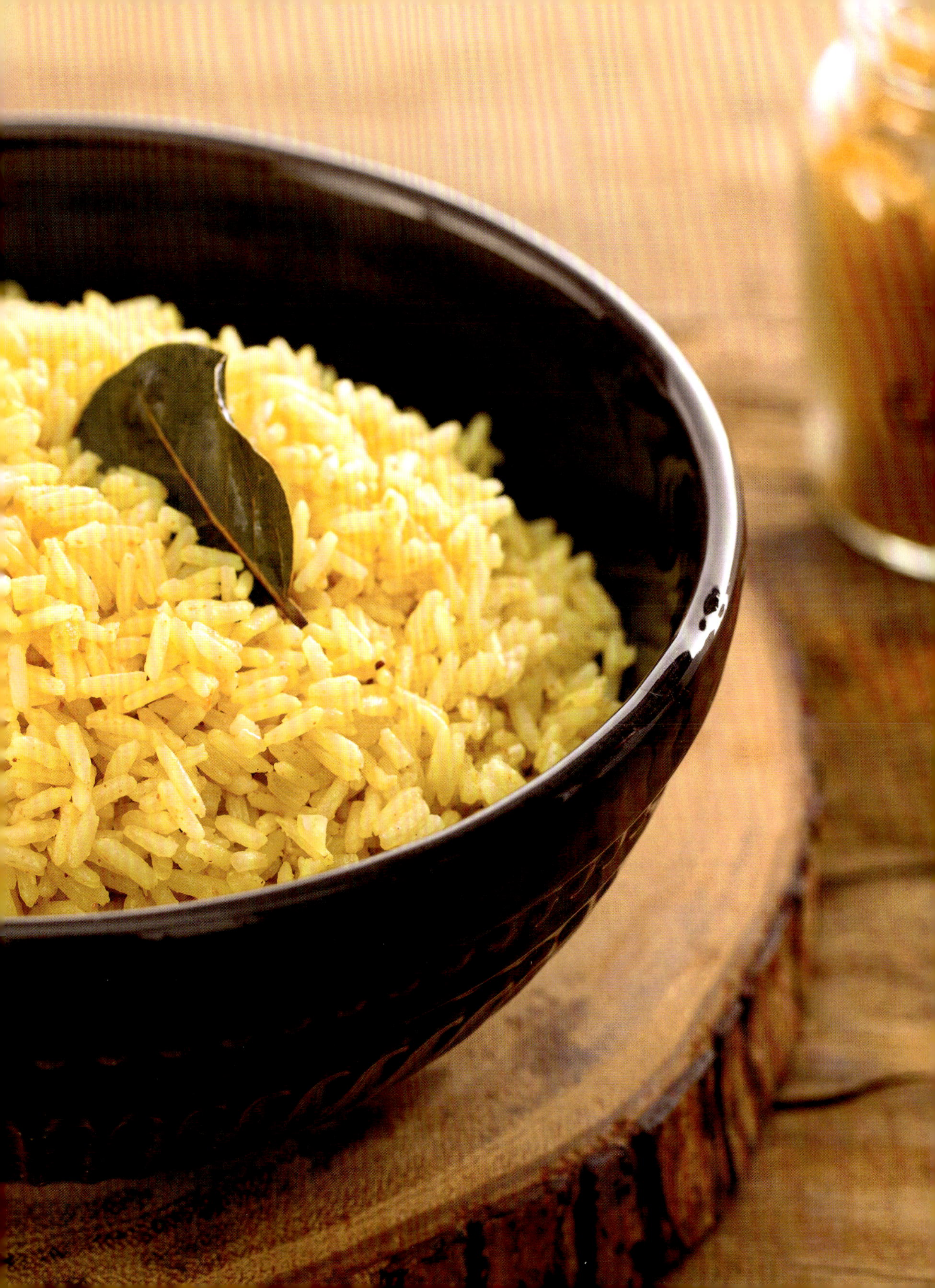

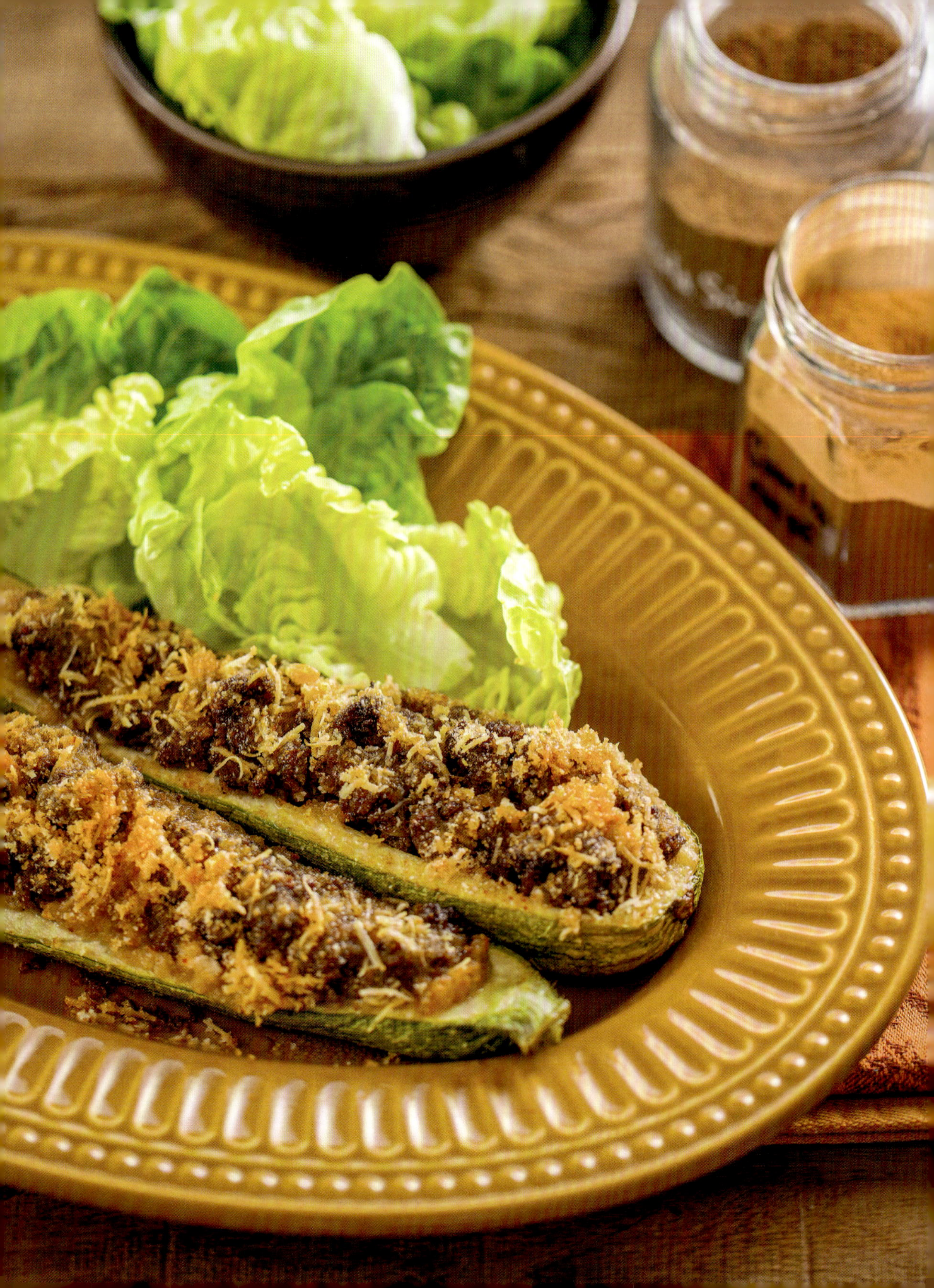

Abobrinha recheada com carne moída e uma pitada de canela

A versátil abobrinha vira prato principal quando recheada com carne moída. Sirva com uma salada de folhas verdes e está pronta uma refeição prática, saudável e saborosa.

TEMPO DE PREPARO 35 minutos + 30 minutos no forno
RENDE 4 porções

2 abobrinhas grandes
500 g de patinho moído
1 cebola
2 dentes de alho
1 colher (sopa) de farinha de trigo
¼ de xícara (chá) de água
1 colher (sopa) de azeite
½ colher (chá) de páprica doce
½ colher (chá) de pimenta síria
1 pitada de canela em pó
sal
pimenta-do-reino moída na hora a gosto
2 colheres (sopa) de farinha de rosca
2 colheres (sopa) de queijo parmesão ralado fino

1 Preaqueça o forno a 180 ºC (temperatura média). Retire a carne da geladeira e mantenha em temperatura ambiente enquanto prepara os outros ingredientes.
2 Com uma escovinha para legumes, lave bem as abobrinhas sob água corrente. Seque e corte cada abobrinha ao meio no sentido do comprimento. Com uma colher de sobremesa, retire o miolo das abobrinhas deixando uma borda de cerca de 0,5 cm da casca — assim as abobrinhas ficam no formato de uma canoa para rechear.
3 Transfira as abobrinhas para uma assadeira com a cavidade voltada para cima. Sobre a tábua, pique fino o miolo das abobrinhas — ele será usado no recheio. Descasque e pique fino a cebola e os dentes de alho.
4 Leve uma panela média ao fogo médio. Quando aquecer, regue com 3 colheres (sopa) de azeite, junte a carne moída e polvilhe a farinha de trigo. Misture, tempere com sal e pimenta e deixe dourar por cerca de 10 minutos, mexendo de vez em quando para soltar e dourar a carne por igual.
5 Transfira a carne dourada para uma tigela e mantenha a panela em fogo médio. Regue a panela com mais 1 colher (sopa) de azeite, junte a cebola e o miolo de abobrinha picados. Tempere com uma pitada de sal e refogue por cerca de 2 minutos, até murchar. Junte o alho, a canela, a páprica e a pimenta síria e misture bem por 1 minuto.
6 Regue com a água e misture, raspando bem o fundo da panela para dissolver os queimadinhos — eles dão sabor ao recheio. Volte a carne para a panela e misture bem — o recheio deve ficar ainda úmido. Desligue o fogo, prove e ajuste o sal e a pimenta-do-reino.
7 Tempere o interior das abobrinhas com sal e pimenta-do-reino moída na hora a gosto. Com uma colher, distribua o recheio de carne na cavidade de cada abobrinha e regue com um fio de azeite.
8 Numa tigela pequena, misture a farinha de rosca com o queijo ralado. Polvilhe cada abobrinha com essa mistura e leve a assadeira ao forno preaquecido. Deixe assar por cerca de 30 minutos, até dourar. Retire do forno e sirva a seguir com salada de folhas verdes.

Frango com molho de mel e páprica

O corte usado nesta receita é o sassami, a parte interna do peito, muito macia e suculenta. A superfície brilhante e adocicada é por causa do molho agridoce, preparado com mel, páprica e vinagre. Sirva acompanhado de escarola refogada com amendoim picante.

TEMPO DE PREPARO 45 minutos
RENDE 4 porções

500 g de frango (10 unidades)
¼ de xícara (chá) de amido de milho
¼ de xícara (chá) de mel
¼ de xícara (chá) de vinagre de vinho tinto
3 colheres (sopa) de água
1½ colher (chá) de páprica doce
¼ de colher (chá) de cominho em pó
1½ colher (chá) de sal
2 colheres (sopa) de óleo
pimenta-do-reino moída na hora a gosto

1 Numa tigela pequena, misture o mel com o vinagre, a água, a páprica, o cominho e ½ colher (chá) de sal.
2 Tempere o frango com 1 colher (chá) de sal e com pimenta a gosto. Coloque o amido de milho num prato raso.
3 Leve uma frigideira antiaderente grande ao fogo médio e, enquanto ela aquece, passe metade dos filezinhos de frango pelo amido para empanar — pressione bem com as mãos para cobrir toda a superfície.
4 Regue a frigideira com 1 colher (sopa) de óleo, coloque os filezinhos empanados, um ao lado do outro, e deixe dourar por cerca de 3 minutos de cada lado. Enquanto isso, empane o restante. Transfira o frango dourado para uma travessa e repita o processo com a outra metade, regando a frigideira com mais óleo.
5 Volte os filezinhos dourados para a frigideira e abaixe o fogo. Acrescente o molho e deixe cozinhar por cerca de 2 minutos, até que o molho engrosse levemente e fique bem brilhante. Vá virando o frango com a pinça para que toda a superfície fique coberta pelo molho. Sirva a seguir.

Feijão com cominho

Esta receita é prova viva de que as especiarias têm o poder de tirar o gosto de rotina da comida. Você vai se surpreender.

TEMPO DE PREPARO 30 minutos + 12 horas
RENDE 8 porções

PARA O REMOLHO
2 xícaras (chá) de feijão-carioca
4 xícaras (chá) de água

1 Coloque o feijão numa peneira e lave sob água corrente. Transfira os grãos para uma tigela e cubra com a água — se algum boiar, descarte.
2 Cubra a tigela com um prato e deixe o feijão de molho por 12 horas. Troque a água uma vez nesse período — o remolho diminui o tempo de cozimento e elimina as substâncias que deixam o feijão indigesto.

PARA COZINHAR
6 xícaras (chá) de água
1 cebola
2 dentes de alho
2 colheres (sopa) de azeite
2 folhas de louro
1 colher (chá) de cominho em pó
sal e pimenta-do-reino moída na hora a gosto

1 Escorra o feijão e descarte a água do remolho. Transfira os grãos para a panela de pressão, cubra com a água e junte as folhas de louro. Tampe a panela e leve ao fogo alto. Assim que começar a apitar, abaixe o fogo e deixe cozinhar por mais 10 minutos.
2 Enquanto o feijão cozinha, descasque e pique fino a cebola e os dentes de alho.
3 Passados os 10 minutos, desligue o fogo. Importante: espere toda a pressão sair e a panela parar de apitar antes de abrir a tampa.
4 Leve uma frigideira ao fogo baixo. Quando aquecer, regue com o azeite, junte a cebola, tempere com uma pitada de sal e refogue por cerca de 5 minutos, até começar a dourar. Adicione o alho e o cominho e mexa por mais 1 minuto para perfumar. Acrescente 2 conchas do feijão cozido (com caldo), misture e amasse os grãos com a espátula — esse purê ajuda a engrossar o caldo.
5 Transfira o refogado com os grãos amassados para a panela com o feijão cozido. Tempere com sal e pimenta a gosto, misture e deixe cozinhar em fogo baixo, sem a tampa, por mais 10 minutos, ou até o caldo engrossar — o tempo pode variar de acordo com a consistência desejada, mais rala ou mais cremosa. Mexa de vez em quando para não grudar no fundo da panela. Desligue o fogo e sirva a seguir.

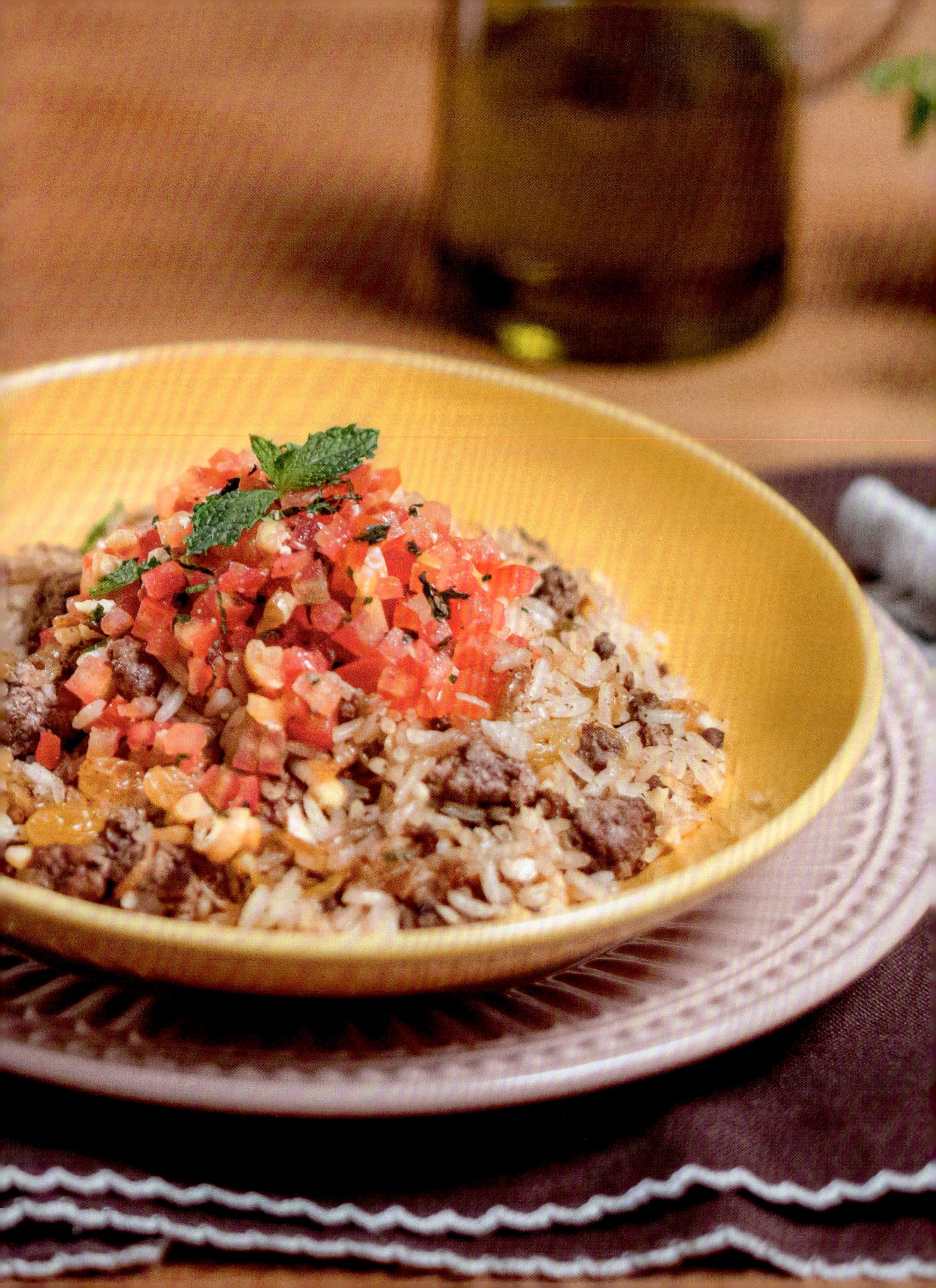

Arroz árabe com carne moída e especiarias (hashweh)

Você não vai nem reconhecer o básico arroz com carne moída. O segredo está na cebola caramelizada e nas especiarias que se juntam para trazer muito mais sabor ao prato.

TEMPO DE PREPARO 45 minutos
RENDE 4 porções

PARA A SALADINHA DE TOMATE
3 tomates maduros
¼ de xícara (chá) de castanha-de-caju sem sal, torrada e picada fino
1 colher (sopa) de azeite
caldo de 1 limão
folhas de hortelã picadas a gosto
sal
pimenta-do-reino moída na hora a gosto

Lave, seque e corte os tomates ao meio; descarte as sementes e corte cada metade em cubos de 0,5 cm. Transfira para uma tigela, tempere com o azeite, o caldo de limão, sal e pimenta a gosto. Misture as folhas de hortelã e deixe na geladeira enquanto prepara o arroz. Na hora de servir, misture a castanha picada.

PARA O ARROZ
1 xícara (chá) de arroz
2 xícaras (chá) de água
250 g de patinho moído
2 cebolas
¼ de xícara (chá) de uva-passa branca
3 colheres (sopa) de manteiga
1 colher (sopa) de azeite
1 folha de louro
½ colher (chá) de pimenta síria
1 colher (chá) de cominho
1 colher (chá) de páprica doce
½ colher (chá) de canela em pó
1 pitada de açúcar
sal e pimenta-do-reino moída na hora a gosto

1 Numa chaleira, leve um pouco mais de 2 xícaras (chá) de água ao fogo alto para ferver. Leve uma panela pequena ao fogo baixo. Quando aquecer, regue com 1 colher (sopa) de azeite, junte o arroz e a folha de louro e refogue por 1 minuto para envolver os grãos com o azeite — isso deixa o arroz soltinho depois de cozido.
2 Meça 2 xícaras (chá) de água fervente e regue o arroz. Misture ½ colher (chá) de sal, aumente o fogo para médio e deixe cozinhar até a água atingir o nível do arroz.
3 Abaixe o fogo, tampe parcialmente a panela e deixe o arroz cozinhar até absorver toda a água — para verificar, afaste os grãos com um garfo até conseguir ver o fundo da panela. Desligue o fogo e mantenha a panela tampada por mais 5 minutos para que o arroz termine de cozinhar no vapor.
4 Enquanto o arroz cozinha, aproveite para preparar a cebola caramelizada e retirar a carne da geladeira — ela não pode estar gelada na hora de entrar na frigideira.
5 Descasque e fatie as cebolas em meias-luas finas. Leve uma frigideira grande com 2 colheres (sopa) de manteiga ao fogo médio. Quando derreter, acrescente as fatias de cebola, tempere com uma pitada de sal e outra de açúcar e deixe cozinhar, mexendo de vez em quando por cerca de 15 minutos, até caramelizar — se a cebola começar a queimar, abaixe o fogo.
6 Afaste a cebola para a lateral da frigideira e acrescente mais 1 colher (sopa) de manteiga. Junte a carne moída, tempere com a pimenta síria, o cominho, a páprica, a canela, 1 colher (chá) de sal, pimenta-do-reino a gosto e refogue por 5 minutos, mexendo com a espátula para desmanchar a carne em pedaços menores. Adicione a uva-passa e misture bem.
7 Solte os grãos de arroz com um garfo e acrescente ao refogado de carne. Mexa por mais 5 minutos para que o arroz absorva o sabor do refogado. Regue com ¼ de xícara (chá) de água, desligue o fogo e misture bem para deixar o arroz úmido. Sirva a seguir com a saladinha de tomate.

Ensopado de grão-de-bico com cenoura e mix de especiarias

O segredo do sucesso deste ensopado vegetariano está na combinação de sabores. Especiarias como gengibre, cominho e cravo ganham o frescor do limão para temperar o caldo do grão-de-bico. Receita boa para preparar a mais, porcionar e congelar.

TEMPO DE PREPARO 40 minutos + 20 minutos na pressão
RENDE 6 porções

1½ xícara (chá) de grão-de-bico
4 cenouras
1 cebola
6 dentes de alho
3½ xícaras (chá) de água
1 colher (sopa) de azeite
2 colheres (sopa) de extrato de tomate
1 colher (chá) de açúcar mascavo
2 ramos de coentro (raízes e talos)
2 folhas de louro
1 rama de canela
1½ colher (chá) de gengibre em pó
1½ colher (chá) de cominho em pó
¼ de colher (chá) de cravo em pó
sal
1 colher (sopa) de caldo de limão
folhas de coentro a gosto para servir
gomos de limão a gosto para servir

1 Numa tigela grande, coloque o grão-de-bico e adicione 3 xícaras (chá) de água. Cubra a tigela com um prato e deixe os grãos de molho por 8 horas (se preferir, faça o demolho durante a noite).
2 Descasque e corte as cenouras na diagonal em pedaços de 5 cm (se a ponta mais grossa da cenoura estiver muito grande, corte também ao meio no sentido do comprimento). Descasque e pique fino a cebola e os dentes de alho. Lave e seque o coentro; pique fino as raízes e os talos e pique grosseiramente as folhas.
3 Leve uma panela de pressão (sem a tampa) ao fogo médio. Quando aquecer, regue com 1 colher (sopa) de azeite, junte a cebola e refogue com uma pitada de sal por cerca de 4 minutos, até murchar bem.
4 Junte o alho, as folhas de louro, os talos e raízes do coentro e refogue por 2 minutos. Adicione a canela, o cominho, o cravo, o gengibre e o açúcar e refogue por mais 1 minuto.
5 Acrescente o extrato de tomate e refogue por cerca de 2 minutos, até formar um queimadinho no fundo da panela. Regue com 1 xícara (chá) de água e raspe bem o fundo da panela com a espátula para dissolver os queimadinhos — isso dá mais sabor ao preparo.
6 Escorra a água do grão-de-bico e adicione os grãos à panela. Junte a cenoura, o restante da água e tempere com 1½ colher (chá) de sal. Tampe a panela e leve ao fogo alto. Quando começar a apitar, abaixe o fogo e deixe cozinhar por 20 minutos.
7 Desligue o fogo e deixe toda a pressão sair antes de abrir a panela. Regue com o caldo de limão e misture as folhas de coentro picadas. Sirva a seguir com folhas de coentro e gomos de limão.

Pode congelar

O ensopado de grão-de-bico com cenoura e especiarias pode ser congelado por até 3 meses, em porções individuais ou maiores. Para descongelar, mantenha o ensopado na geladeira da noite para o dia. Você pode descongelar a porção individual no micro-ondas, por 3 minutos, em potência alta. Se preferir, você também pode descongelar o ensopado diretamente na panela (ideal para porções maiores). Nesse caso, coloque um pouco de água e mantenha a panela tampada em fogo baixo até descongelar.

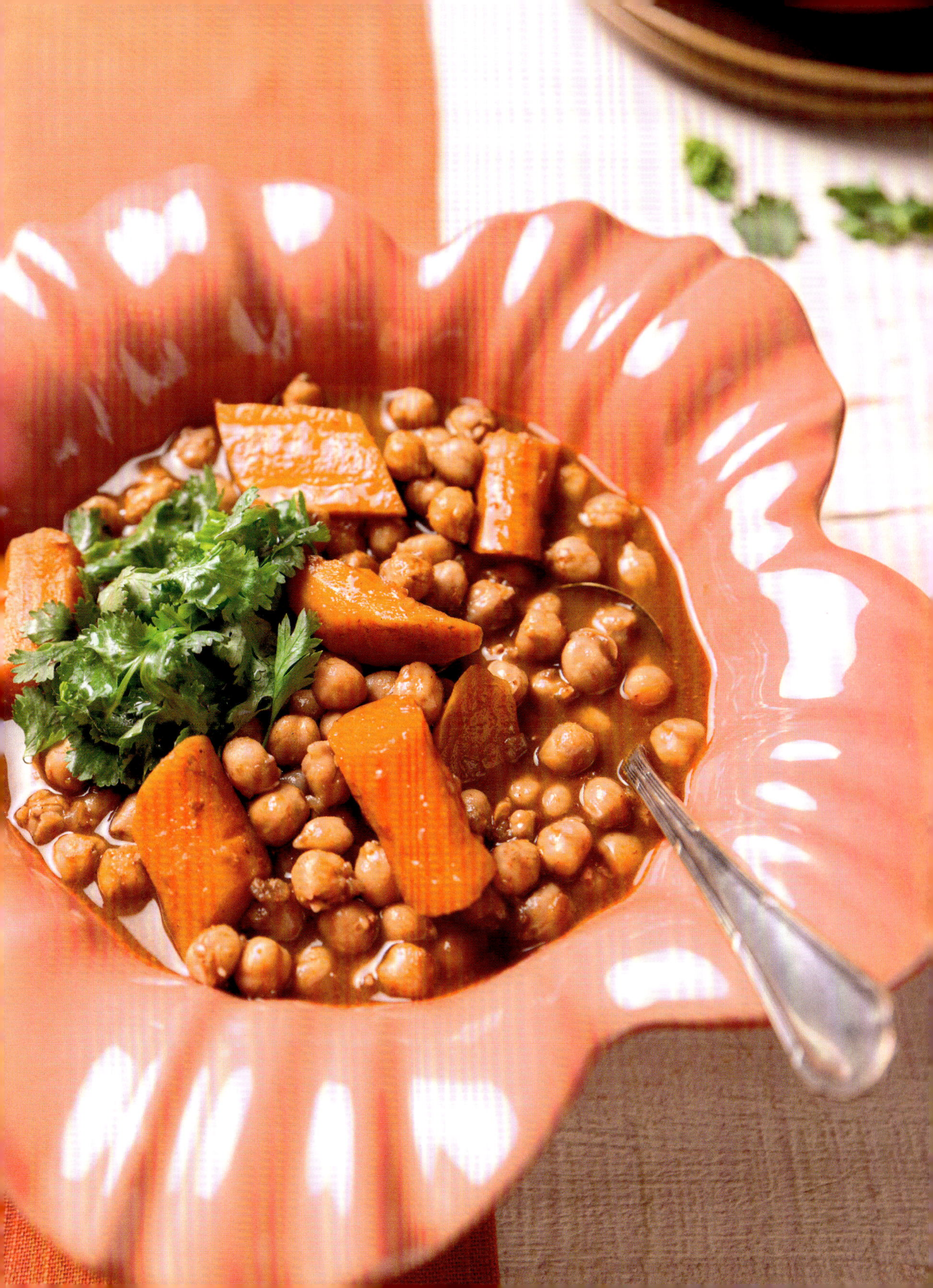

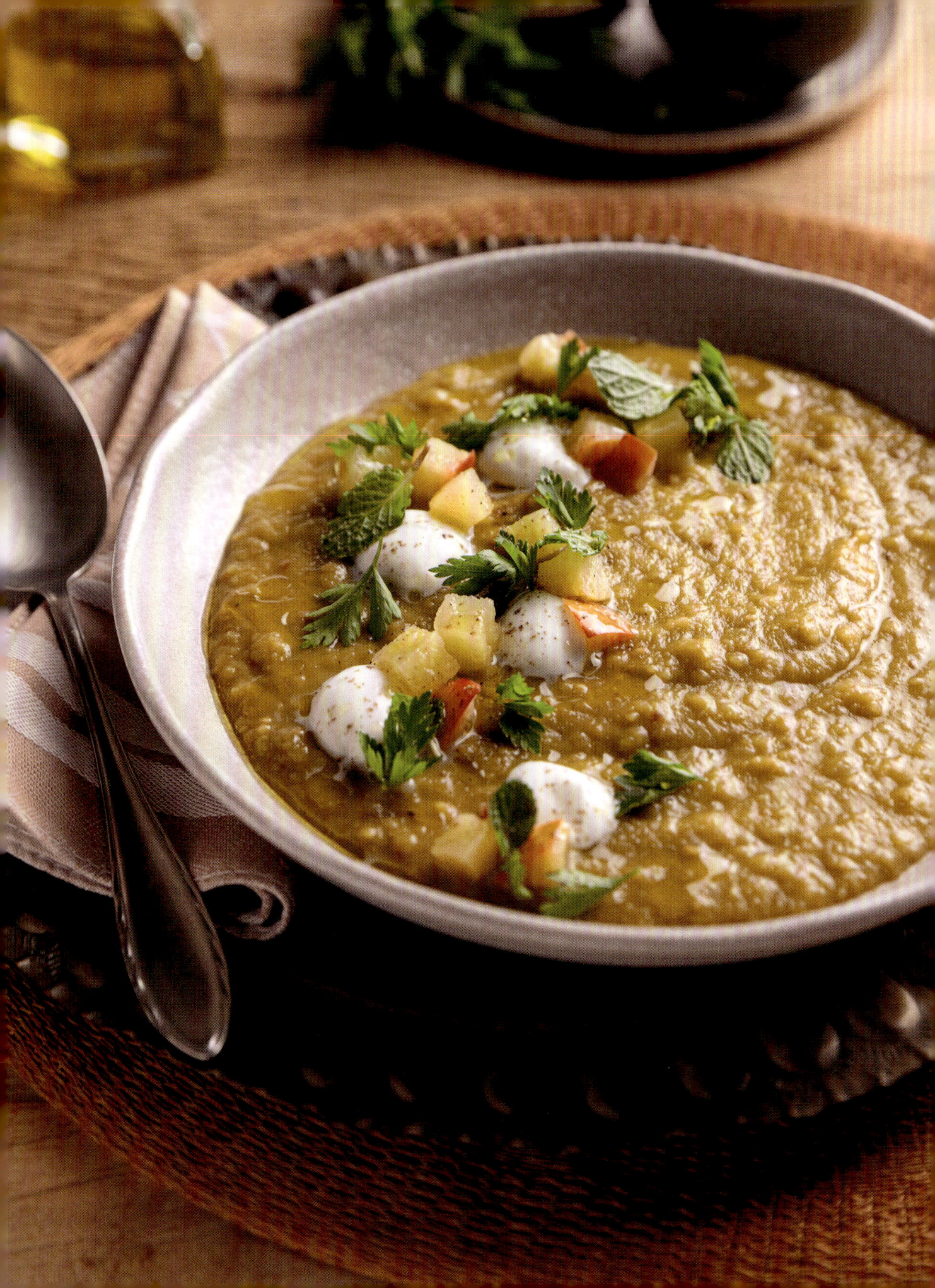

Sopa de ervilha com páprica e cominho na pressão

Esta sopa caprichada tem os sabores inspirados na cozinha indiana. Saborosa, supercremosa, é servida com maçã cozida na manteiga e um pouco de iogurte. Uma receita nada trivial.

TEMPO DE PREPARO 20 minutos + 30 minutos na pressão
RENDE 4 porções

1½ xícara (chá) de ervilha seca
1 cebola
3 dentes de alho
2 colheres (sopa) de manteiga
1,5 litro de água
2 folhas de louro
1½ colher (chá) de sal
1 colher (chá) de semente de coentro
1 colher (chá) de cominho em pó
1½ colher (chá) de páprica doce
1 rama de canela
noz-moscada ralada na hora a gosto
pimenta-do-reino moída na hora a gosto
folhas de salsinha a gosto para servir
folhas de hortelã a gosto para servir
iogurte a gosto para servir

1 Descasque e pique fino a cebola e os dentes de alho. No pilão, bata as sementes de coentro apenas para dar uma quebradinha (não precisa virar pó).
2 Leve a panela de pressão (sem a tampa) com a manteiga ao fogo médio. Quando derreter, adicione a cebola, tempere com uma pitada de sal e refogue por cerca de 4 minutos, até murchar. Junte o alho, as folhas de louro, a semente de coentro, o cominho, a páprica e a canela e mexa por 1 minuto para perfumar.
3 Acrescente a ervilha, regue com a água, tempere com 1½ colher (chá) de sal, pimenta e noz-moscada a gosto. Tampe a panela e aumente o fogo. Quando começar a apitar, abaixe o fogo e deixe cozinhar por 30 minutos.
4 Desligue o fogo e atenção: espere toda a pressão da panela sair antes de abrir a tampa. Enquanto isso, prepare a maçã.
5 Abra a panela e mexa bem a sopa com a espátula — as ervilhas se desmancham durante o cozimento e ficam concentradas no fundo da panela. Nem precisa bater no liquidificador, a sopa já sai cremosa da panela. Sirva a seguir com a maçã cozida no micro-ondas, ervas frescas e iogurte.

PARA A MAÇÃ
1 maçã fuji
1 colher (chá) de manteiga
caldo de ½ limão

1 Lave, seque e corte a maçã em fatias de 1 cm. Descarte as sementes e corte as fatias em cubos de 1 cm. Transfira para uma tigela, regue com o caldo de limão e adicione a manteiga.
2 Cubra a tigela com um prato e leve ao micro-ondas para rodar por 3 minutos. Retire do micro-ondas e reserve para servir com a sopa.

Legumes assados com tomilho e cominho

Versátil, esta receita é uma fórmula. Combine os legumes que tiver com as ervas e especiarias de sua preferência. Vale como prato principal ou acompanhamento do pê-efe. Também fica uma delícia com risoto ou com um simples macarrão ao alho e óleo.

TEMPO DE PREPARO 15 minutos + 30 minutos no forno
RENDE 4 porções

1 abobrinha
1 pimentão amarelo
1 chuchu
5 rabanetes
3 colheres (sopa) de azeite
5 ramos de tomilho
1 colher (chá) de cominho em pó
¼ de colher (chá) de pimenta calabresa
¼ de colher (chá) de sal

1 Preaqueça o forno a 220 ºC (temperatura alta).
2 Com uma escovinha para legumes, lave sob água corrente a abobrinha, o pimentão e os rabanetes. Seque bem os legumes com um pano de prato — quanto mais secos estiverem, melhor para assar.
3 Corte, descarte as pontas e fatie a abobrinha em rodelas grossas de cerca de 1 cm de espessura. Corte o pimentão ao meio, no sentido do comprimento, descarte o cabinho e as sementes e fatie cada metade em tiras de 1 cm. Corte os rabanetes em quartos.
4 Descasque, lave sob água corrente e seque bem o chuchu com um pano de prato — assim ele não escorrega na hora de cortar. Corte o chuchu ao meio, no sentido do comprimento, e, com uma colher, descarte a semente. Corte cada metade ao meio no sentido da largura; as partes mais finas, corte em 3 tiras, no sentido do comprimento, e as mais grossas, em 4 tiras. Fatie as tiras em pedaços de 2 cm.
5 Numa tigela pequena, misture o azeite com ¼ de colher (chá) de sal, o cominho e a pimenta calabresa — assim fica mais fácil temperar os legumes de maneira uniforme.
6 Transfira os legumes cortados para o centro de uma assadeira grande, adicione os ramos de tomilho e regue com o azeite temperado. Misture bem com as mãos para envolver todos os pedaços com o tempero.
7 Espalhe os legumes na assadeira — quanto mais espaçados, mais dourados eles ficam. Leve ao forno para dourar por cerca de 30 minutos, ou até que dourem — na metade do tempo, vire os legumes com uma espátula para que dourem por igual. Sirva a seguir.

Couve-flor assada com páprica

A couve-flor fica tão linda que parece até que foi empanada. Mas não se engane: o azeite temperado com páprica é que dá o tom bronzeado. Um ótimo acompanhamento para carnes.

TEMPO DE PREPARO 10 minutos + 40 minutos no forno
RENDE 4 porções

1 couve-flor pequena
¼ de xícara (chá) de azeite
2 colheres (chá) de páprica doce
sal e pimenta-do-reino moída na hora a gosto

1 Preaqueça o forno a 220 ºC (temperatura alta).
2 Descarte as folhas e o talo da base da couve-flor. Corte a couve-flor em quartos: parta na metade, no sentido do comprimento, e cada metade ao meio novamente — assim os floretes ficam unidos pelo talo central. Se estiver muito grande, corte a couve-flor ao meio e cada metade em 3 gomos. Lave sob água corrente, seque bem e transfira para uma assadeira média.
3 Numa tigela pequena, misture o azeite com a páprica, sal e pimenta-do-reino moída na hora a gosto. Regue os pedaços de couve-flor com o azeite temperado e espalhe com as mãos para cobrir toda a superfície dos floretes (se preferir, espalhe com um pincel).
4 Leve ao forno para assar por cerca de 40 minutos, até dourar — na metade do tempo, vire os pedaços com uma pinça. Retire a couve-flor do forno e sirva a seguir.

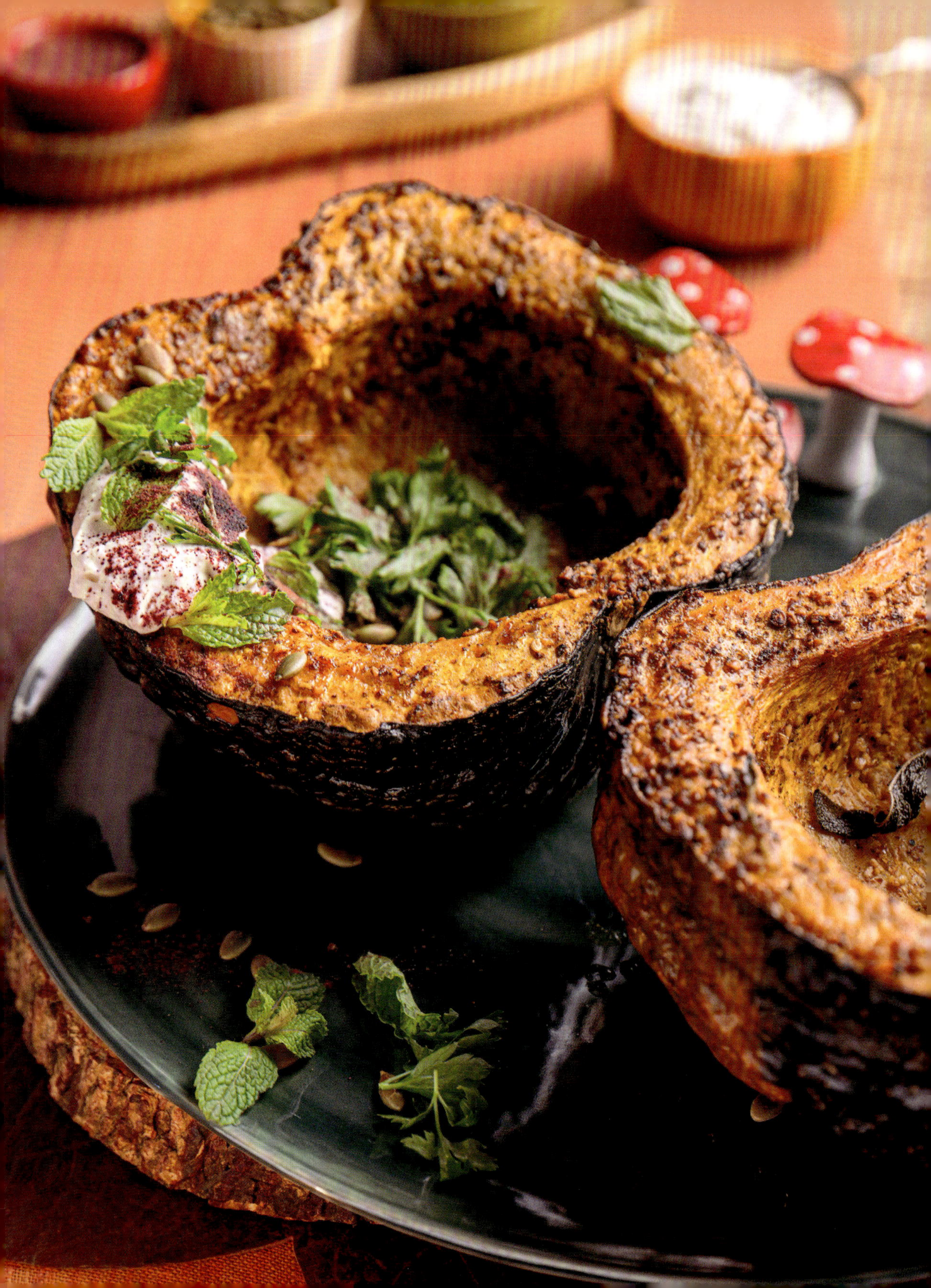

Abóbora assada com canela, pimenta calabresa e noz-moscada

Este prato é uma ótima opção vegetariana para a ceia de Natal. A abóbora é tão linda, perfumada e saborosa que todo mundo vai se apaixonar. Além disso, o preparo é prático. As metades da abóbora são assadas com casca e temperadas com manteiga e especiarias. Para servir, molho de iogurte com tahine.

TEMPO DE PREPARO 15 minutos + 1 hora no forno
RENDE 12 porções

PARA O MOLHO
3 potes de iogurte natural sem açúcar e sem adoçante (ou 2 xícaras [chá] de iogurte caseiro)
3 colheres (sopa) de tahine (pasta de gergelim)
sal a gosto

1 Forre uma peneira com um pano de algodão fino e limpo; apoie sobre uma tigela (se preferir, use 2 filtros de café descartáveis cortados ao meio). Coloque o iogurte na peneira forrada e deixe drenar na geladeira por cerca de 1 hora — o iogurte vai liberar o soro aos poucos e ficar com a consistência mais firme.
2 Transfira o iogurte drenado para outra tigela. Junte o tahine, tempere com sal e misture bem. Reserve na geladeira para servir quando a abóbora estiver pronta.

PARA A ABÓBORA
1 abóbora japonesa inteira com a casca (cerca de 2,5 kg)
4 colheres (sopa) de manteiga em temperatura ambiente
1 colher (chá) de alho desidratado
1 colher (chá) de pimenta calabresa
¼ de colher (chá) de canela em pó
4 ramos de sálvia
sal
noz-moscada ralada na hora a gosto
pimenta-do-reino moída na hora a gosto

1 Preaqueça o forno a 180 ºC (temperatura média).
2 Numa tigela, misture bem a manteiga com o alho, a pimenta calabresa, a canela, 1 colher (chá) de sal, noz-moscada e pimenta-do-reino a gosto.
3 Com uma escovinha para legumes, lave bem a abóbora sob água corrente. Seque com um pano de prato e apoie a abóbora na tábua. Com cuidado, usando uma faca longa, corte a abóbora ao meio no sentido do comprimento. Dica: para ficar mais fácil de cortar, leve a abóbora para rodar no micro-ondas por 1 minuto depois de lavada e seca.
4 Com uma colher, raspe as sementes do miolo. Usando um garfo, faça furos por toda a parte interna — isso vai permitir que a polpa absorva melhor o sabor das especiarias.
5 Numa assadeira grande, coloque as metades da abóbora com o lado da cavidade para cima. Tempere com sal, espalhe a manteiga por toda a polpa e distribua os ramos de sálvia em cada metade.
6 Leve ao forno para assar por cerca de 1 hora, ou até que a abóbora doure e fique macia — para verificar o ponto, espete o centro da abóbora com um garfo. Enquanto isso, separe os ingredientes para a montagem.

PARA A MONTAGEM
2 colheres (sopa) de semente de abóbora sem sal
4 ramos de hortelã
6 ramos de salsinha
hibisco em pó a gosto (opcional)

1 Numa frigideira pequena, coloque as sementes de abóbora e leve ao fogo médio para tostar levemente por cerca de 2 minutos. Reserve.
2 Retire a abóbora do forno e, com uma espátula, transfira as metades assadas para uma travessa. Sirva com uma colherada do molho de iogurte e salpique as sementes de abóbora, as ervas e o hibisco em pó.
OBS.: cada metade de abóbora rende 6 porções; então, se você quiser fazer meia receita para uma ceia menor, também dá certo!

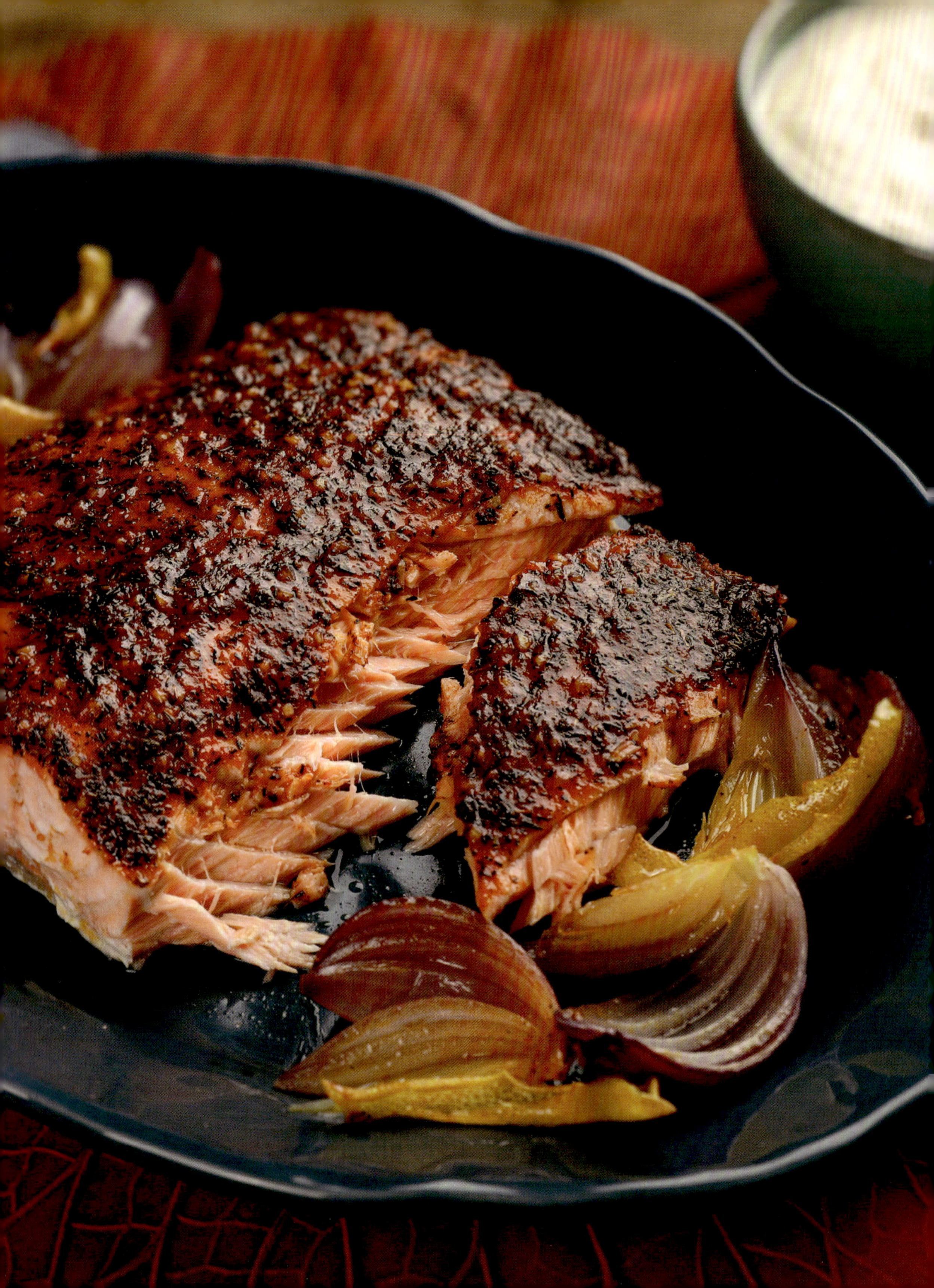

Salmão assado com páprica, mel e cebola-roxa

O segredo desta receita é a mistura de tomilho, alho, páprica, extrato de tomate e mel. Ela forma uma camada sobre o peixe, que fica saboroso e úmido. Você vai querer usar esse tempero em tudo (experimente no frango)!

TEMPO DE PREPARO 40 minutos
RENDE 6 porções

PARA O SALMÃO
700 g de filé de salmão sem pele
tiras da casca de 1 limão-siciliano
2 cebolas-roxas
6 dentes de alho
2 colheres (chá) de extrato de tomate
2 colheres (chá) de mel
5 colheres (sopa) de azeite
½ colher (chá) de alho desidratado
2 colheres (chá) de tomilho seco
1 colher (chá) de páprica
sal

1 Retire o salmão da geladeira e preaqueça o forno a 180 °C (temperatura média).
2 Corte as cebolas ao meio, descasque e corte cada metade em 5 gomos, mantendo a raiz — assim todas as camadas permanecem unidas ao assar. Com a lateral da lâmina da faca, amasse os dentes de alho e mantenha a casca.
3 Pique fino o tomilho seco e o alho desidratado. Transfira para uma tigela, adicione 1 colher (chá) de sal, 2 colheres (sopa) de azeite, o extrato de tomate, o mel e a páprica. Misture bem e reserve.
4 Regue uma assadeira de cerca de 30 cm × 20 cm com 1 colher (sopa) de azeite — o tamanho da assadeira é importante para que os ingredientes fiquem próximos uns dos outros, evitando que o salmão resseque. Coloque o peixe no centro da assadeira e, com uma colher, espalhe delicadamente a mistura de ervas, especiarias e mel sobre toda a superfície.
5 Disponha as cebolas, os dentes de alho e as tiras da casca de limão ao redor do salmão. Regue as cebolas e os dentes de alho com 2 colheres (sopa) de azeite e tempere com sal a gosto.
6 Leve o salmão ao forno para assar por cerca de 20 minutos — ele ganha um tom rosado e as cebolas ficam macias. Não deixe tempo demais no forno para que o peixe não resseque.
7 Retire a assadeira do forno e deixe o peixe descansar por 5 minutos enquanto prepara o molho. Sirva o salmão com as cebolas, as tiras da casca de limão assadas e o molho de iogurte.

PARA O MOLHO DE IOGURTE
1 xícara (chá) de iogurte natural sem açúcar e sem adoçante (2 potes de 170 g cada)
6 dentes de alho assados com o salmão
2 colheres (sopa) do azeite do fundo da assadeira
2 colheres (sopa) de caldo de limão-siciliano
sal a gosto

Descasque os dentes de alho e bata no pilão com ½ colher (chá) de sal até formar uma pastinha. Transfira para uma tigela, junte o iogurte, o azeite temperado da assadeira do salmão e o caldo de limão-siciliano. Misture bem, prove e ajuste o sal se necessário.

Repolho macerado com cominho e semente de mostarda

Depois de receber uma massagem, o repolho fica supermacio e pronto para ganhar o tempero, que é uma combinação de especiarias com muita personalidade.

TEMPO DE PREPARO 15 minutos
RENDE 2 porções

½ repolho-roxo pequeno (cerca de 400 g)
½ colher (chá) de semente de cominho
½ colher (chá) de semente de mostarda
2 colheres (sopa) de vinagre de vinho branco
2 colheres (sopa) de azeite
1 colher (chá) de sal

1 Com um fatiador de legumes (ou mandolim), corte o repolho em fatias finas — vá passando o repolho pelo mandolim com cuidado para não fatiar o miolo central, que é muito firme. Se preferir, descarte o miolo e fatie o repolho fino com uma faca — no total, você precisa de cerca de 4 xícaras (chá) dele fatiado.
2 Transfira o repolho para um escorredor e lave bem sob água corrente. Encaixe o escorredor sobre uma tigela, tempere com o sal e misture com as mãos, massageando o repolho — o sal drena o excesso de água das folhas, deixando o repolho macio e com o sabor mais suave. Aperte bem para tirar o excesso de água e transfira para uma tigela.
3 Numa frigideira pequena, coloque as sementes de mostarda e de cominho e leve ao fogo médio para aquecer por 1 minuto e liberar os aromas. Transfira para o pilão e quebre as sementes. Misture o vinagre e o azeite com as especiarias ainda quentes e regue o repolho macerado. Misture bem e sirva a seguir.
OBS.: se preferir, mantenha o repolho macerado na geladeira até a hora de servir; ele fica ainda mais gostoso gelado.

Macarrão com molho de grão-de-bico

Geladeira vazia não precisa ser sinônimo de delivery. Abra a despensa, que é de lá que o jantar vai sair hoje. O grão-de-bico em lata vira um molho cremoso, perfumado com alecrim, pimenta calabresa e raspas de limão. E aí é só juntar ao macarrão, e você tem um prato saboroso, pronto em menos de 30 minutos.

TEMPO DE PREPARO 25 minutos
RENDE 3 porções

200 g de macarrão linguine (ou outra massa longa de grano duro)
1 lata de grão-de-bico cozido (cerca de 1½ xícara [chá] de grãos escorridos)
¼ de xícara (chá) de azeitona verde sem caroço
¼ de xícara (chá) de azeite
2 dentes de alho
2 ramos de alecrim secos (se preferir, pode usar alecrim fresco)
½ colher (chá) de pimenta calabresa
sal
raspas de 1 limão-siciliano

1 Leve uma panela com cerca de 3 litros de água ao fogo alto. Enquanto isso, abra a lata de grão-de-bico, escorra o líquido por uma peneira e passe sob água corrente para tirar o excesso de sal.
2 Assim que a água ferver, reserve 1½ xícara (chá) — ela vai ser usada para o preparo do molho. Adicione 1½ colher (sopa) de sal, coloque o macarrão e deixe cozinhar pelo tempo indicado na embalagem, mexendo de vez em quando para que os fios não grudem uns nos outros, até ficar al dente.
3 Enquanto o macarrão cozinha, prepare o molho. Descasque e corte os dentes de alho ao meio, no sentido do comprimento, e as metades em fatias finas. Corte as azeitonas em rodelas.
4 Regue uma frigideira grande com o azeite, adicione o alho, a pimenta e o alecrim debulhado e leve ao fogo médio por 2 minutos, apenas para perfumar. Adicione o grão-de-bico e a azeitona e refogue por 2 minutos para aquecer os grãos. Reserve ⅓ de xícara (chá) do refogado numa tigela para finalizar os pratos e transfira o restante para o liquidificador — raspe bem a frigideira com uma espátula de silicone para aproveitar todo o azeite.
5 Adicione a água quente reservada ao liquidificador e bata por 1 minuto, até formar um molho cremoso e liso. Reserve.
6 Assim que o macarrão estiver cozido, escorra a água e transfira a massa para a frigideira (nem precisa lavar). Adicione o molho e volte ao fogo baixo, misturando rapidamente com a pinça para envolver bem o macarrão com o molho. Divida o macarrão nos três pratos, distribua o refogado reservado e polvilhe raspas de limão. Sirva a seguir.

Pera cozida no micro-ondas com mel e canela

São três ingredientes e cinco minutos para esta pera ficar pronta. Bom, né? Experimente com queijo, pão, risoto e até com frango grelhado.

TEMPO DE PREPARO 10 minutos
RENDE 2 porções

1 pera
½ colher (sopa) de mel
1 pitada de canela em pó

1 Lave, seque e corte a pera ao meio no sentido do comprimento. Com uma colher de chá, descarte o miolo com as sementes. Descarte o cabo e corte cada metade em fatias finas, de 0,5 cm, no sentido do comprimento.
2 Numa tigela de vidro média, coloque as fatias de pera, o mel e a canela. Cubra com um prato e leve ao micro-ondas para rodar por 3 minutos em potência alta.
3 Com cuidado e usando um pano de prato — a tigela vai estar quente —, retire a tigela do micro-ondas e misture delicadamente as fatias com uma colher para cozinharem por igual. Cubra novamente e volte ao micro-ondas para rodar por mais 2 minutos, até que a pera fique bem macia e se forme uma caldinha.
4 Com cuidado novamente, retire a tigela do micro-ondas. Sirva a pera morna (ou fria) com a caldinha que se formou na tigela. Fica uma delícia pura, com iogurte cremoso, na torrada, com queijo grelhado, risotos ou grelhados.

PODE ARMAZENAR
Dura até 5 dias na geladeira. Espere a pera esfriar completamente antes de armazenar num pote com fechamento hermético.

Pé de moleque com semente de coentro

Grãos e castanhas ganham o perfume cítrico da semente de coentro — um jeito de deixar o doce típico de festa junina quase exótico.

TEMPO DE PREPARO 15 minutos
RENDE 4 porções

¼ de xícara (chá) de amendoim descascado, torrado e sem sal
¼ de xícara (chá) de semente de girassol sem sal
1 colher (sopa) de semente de coentro
½ xícara (chá) de açúcar
óleo para untar

1 Numa tigela, misture o amendoim, as sementes de girassol e as sementes de coentro.
2 Com um papel-toalha, unte com óleo uma área de cerca de 20 cm (de diâmetro) de uma superfície de mármore ou de inox, onde o pé de moleque vai esfriar e endurecer (se preferir, unte o fundo de uma assadeira).
3 Numa panela média (ou frigideira grande), coloque o açúcar e leve ao fogo médio para derreter, até formar um caramelo dourado — mexa de vez em quando com uma espátula de silicone para o açúcar derreter de maneira uniforme e não queimar.
4 Assim que o caramelo se formar, retire a panela do fogo, misture o amendoim com sementes e despeje na superfície untada — caso endureça muito rápido, antes de despejar, volte a panela ao fogo apenas para amolecer e você conseguir transferir para a bancada.
5 Deixe o pé de moleque esfriar completamente, até endurecer. Com uma espátula, retire o pé de moleque da superfície untada e quebre em pedaços com as mãos. Se quiser fazer uma farofa crocante (ou praliné), bata os pedaços no pilão. Conserve num pote com fechamento hermético. Sirva sobre pudins, tortas, sorvetes e frutas.

Broa caxambu

Você pode chamar de broa caxambu, broa de padaria ou até cookie brasileiro. Esta é a broinha com perfume de fubá que esfarela na boca. Vai sempre bem com um cafezinho.

TEMPO DE PREPARO 20 minutos + 20 minutos no forno
RENDE 8 unidades

¾ de xícara (chá) de fubá
¼ de xícara (chá) de farinha de trigo
⅓ de xícara (chá) de açúcar
50 g de manteiga em ponto de pomada
1 ovo
1 colher (chá) de fermento em pó
1 pitada de sal
1 colher (chá) de semente de erva-doce
1 gema para pincelar
manteiga para untar a assadeira

1 Preaqueça o forno a 180 ºC (temperatura média). Separe uma assadeira grande, de preferência antiaderente (caso não seja antiaderente, unte com manteiga).
2 Numa tigela, misture o fubá com a farinha, o açúcar, o fermento, a erva-doce e o sal. Numa tigela pequena, quebre o ovo e bata com um garfo apenas para misturar a clara com a gema.
3 Junte a manteiga aos secos e misture bem com as mãos. Adicione o ovo e amasse apenas até formar uma massa macia, que fica levemente grudenta nas mãos, parecida com massa de brigadeiro fria — não precisa sovar.
4 Para modelar: lave e seque bem as mãos antes de modelar. Retire uma porção de cerca de 2 colheres (sopa) da massa, enrole formando uma bola e transfira para a assadeira. Repita o processo com o restante da massa, deixando cerca de 3 cm entre cada broa — elas crescem ao assar. Caso a massa comece a grudar muito, lave e seque as mãos durante o processo.
5 Numa tigela pequena, bata a gema com um garfo e pincele sobre as broas. Leve ao forno para assar por cerca de 20 minutos, ou até ficarem douradas.
6 Retire do forno e deixe esfriar antes de servir — a broa termina de firmar depois de esfriar.
OBS.: se preferir, use um boleador de sorvete para modelar as broas.

Arroz-doce com cúrcuma, cardamomo e canela

Além de ficar dos deuses, perfumado e diferente, o arroz-doce ganha essa cor dourada linda com a adição de cúrcuma, cardamomo e canela.

TEMPO DE PREPARO 40 minutos
RENDE 8 porções

1 xícara (chá) de arroz
2 xícaras (chá) de água
3 xícaras (chá) de leite
⅓ de xícara (chá) de açúcar
1 colher (sopa) de cúrcuma
6 bagas de cardamomo (opcionais)
1 pitada de sal
½ lata de leite condensado
canela em pó a gosto para servir

1 Numa tigela, coloque o arroz, cubra com a água e deixe de molho por 30 minutos — os grãos ficam mais macios, e o doce mais cremoso.
2 Com uma faca de legumes, corte as pontinhas e abra as bagas de cardamomo. Descarte a palha e bata as sementes no pilão para moer (caso esteja usando cardamomo em pó, considere ¼ de colher [chá]).
3 Passados os 30 minutos, transfira o arroz (com a água) para uma panela média. Junte o leite, o açúcar, a cúrcuma, o cardamomo e o sal. Leve ao fogo alto e mexa delicadamente até começar a ferver.
4 Assim que levantar fervura, abaixe o fogo e deixe cozinhar por 20 minutos, mexendo de vez em quando, até que os grãos fiquem macios — nesse momento, o preparo ainda deve estar líquido, pois os grãos continuam absorvendo o caldo enquanto esfriam.
5 Misture o leite condensado e deixe cozinhar por cerca de 5 minutos, até começar a ficar cremoso — lembre-se de que o arroz-doce atinge o ponto depois de esfriar; o preparo ainda deve estar bem úmido.
6 Transfira o arroz-doce para uma tigela e cubra com filme de modo a ficar em contato com o arroz — isso evita a formação de uma película no doce. Deixe amornar antes de levar para a geladeira. Polvilhe canela em pó a gosto na hora de servir.

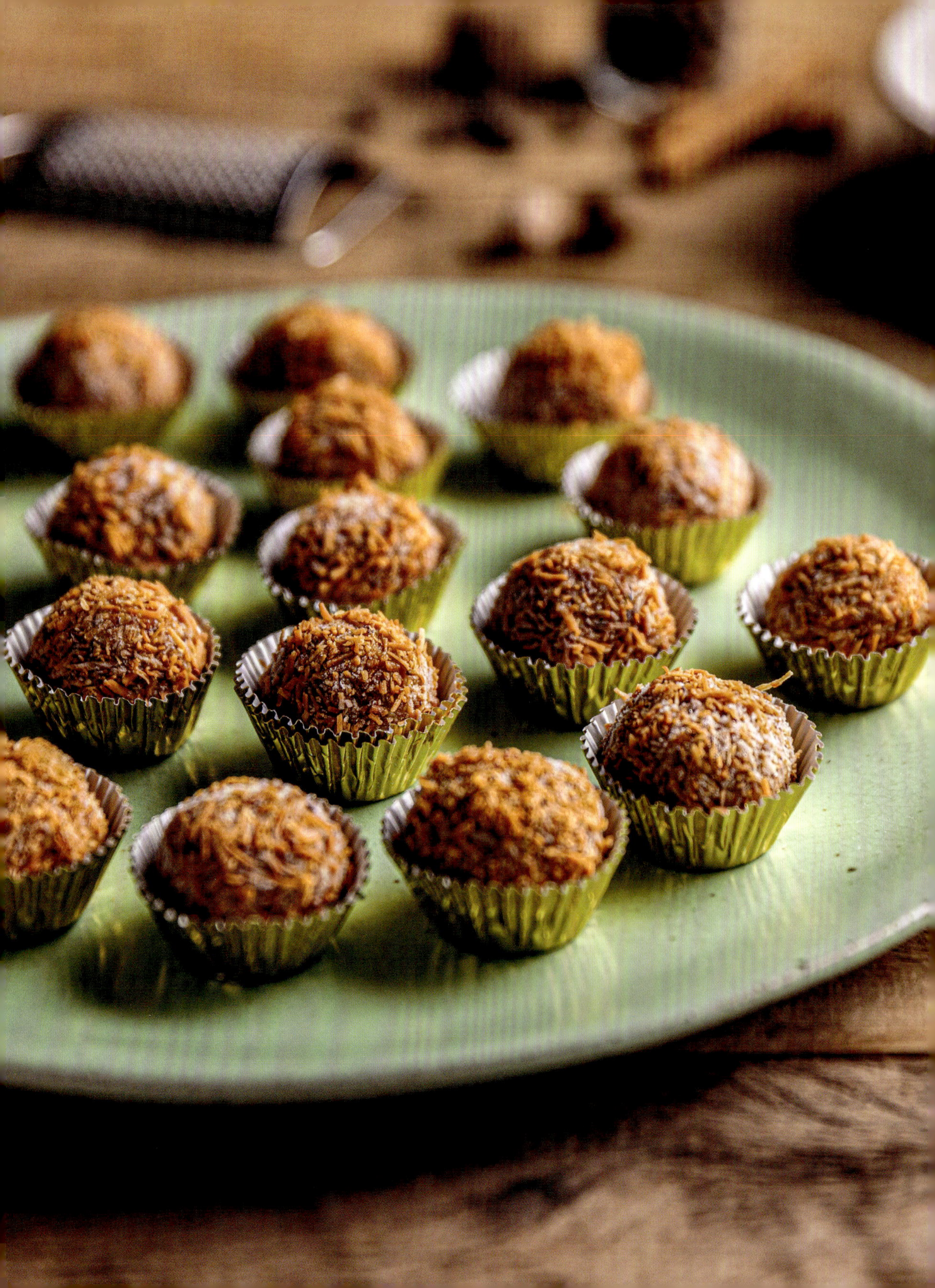

Brigadeiro de abóbora com canela, gengibre e pimenta-da-jamaica

Transformamos a famosa pumpkin pie em brigadeiro. Nesta receita diferentona, cheia de aromas, o tradicional docinho brasileiro ganha a cor alaranjada da abóbora e o perfume das especiarias.

TEMPO DE PREPARO 1 hora
RENDE 25 unidades

1 lata de leite condensado (395 g)
¾ de xícara (chá) de abóbora japonesa cozida e amassada
⅓ de xícara (chá) de leite
1 colher (sopa) de manteiga
1 colher (chá) de canela em pó
¼ de colher (chá) de gengibre em pó
¼ de colher (chá) de pimenta-da-jamaica em pó
¼ de colher (chá) de noz-moscada ralada na hora
1 xícara (chá) de coco seco queimado ralado
manteiga para untar as mãos

1 Numa panela média, misture o leite condensado com o purê de abóbora (veja a explicação no fim da receita), o leite, a canela, o gengibre, a pimenta-da-jamaica, a noz-moscada e a manteiga.
2 Leve ao fogo baixo e mexa bem com uma espátula. Quando começar a ferver, continue mexendo por 7 minutos, até que a massa fique bem cremosa, engrosse e se solte do fundo da panela. Ao mexer, raspe bem o fundo e a lateral da panela com a espátula para não queimar o brigadeiro. Para verificar o ponto, incline levemente a panela: o brigadeiro deve se descolar do fundo.
3 Transfira o brigadeiro para um prato fundo e deixe esfriar completamente em temperatura ambiente antes de enrolar.
4 Abra 25 forminhas de papel (número 4). Coloque o coco ralado num prato fundo e separe um pouco de manteiga para untar as mãos.
5 Para enrolar e confeitar os brigadeiros: unte as mãos com um pouco de manteiga. Com uma colher de chá, retire uma porção da massa, enrole uma bolinha e transfira para o prato com o coco ralado.
6 Passe o brigadeiro pelo coco ralado queimado para cobrir bem toda a superfície e transfira para a forminha. Repita o processo até a massa acabar. Se preferir, convoque alguém da família: enquanto um enrola os brigadeiros, o outro passa o coco ralado. Sirva a seguir.

PURÊ DE ABÓBORA

Para preparar do zero, basta seguir este passo a passo: numa panela pequena, coloque cerca de 200 g de abóbora japonesa cortada em cubos e ¼ de xícara (chá) de água. Leve ao fogo médio. Quando começar a ferver, tampe a panela e deixe cozinhar por cerca de 15 minutos, ou até a abóbora ficar bem macia — assim ela cozinha sem ficar aguada. Em seguida, escorra a água e amasse bem os pedaços com um garfo.

4: Vai começar a brincadeira

Na frente do fogão ou diante da tábua de corte: o piloto é você

Que sorte viver numa época em que dá para comprar ali na esquina um temperinho natural, pronto para dar aquela alegrada nas refeições cotidianas, que foi extraído de uma planta originária do outro lado do mundo. É o caso da canela, que parece tão nossa, mas que vem de uma árvore que nasceu na Ásia e chegou até a comida brasileira com a doçaria portuguesa. É por isso que a canela em nossa cozinha é tão associada aos doces; no entanto, como você já deve saber, faz também um trabalho belíssimo temperando carnes em geral. Uma rama de canela na canja de galinha, e o sujeito nem se lembra de que estava adoentado! O.k., exagerei. Mas ela é mesmo capaz de elevar as preparações a outro patamar com seu perfume cítrico e seu sabor amadeirado, que tira da comida o gosto de rotina. E isso não é exagero.

Tanto na hora de comer como na hora de cozinhar, um tempero diferente, bem utilizado, renova os ânimos. Mesmo que seja só um sopro... O alecrim, com seu toque canforado, chacoalha a neutralidade da batata, tira um pouco do tédio do peito de frango grelhado e diverte o risoto de abóbora. Até o abacaxi da sobremesa fica mais interessante quando vai para a frigideira com um ramo de alecrim. Quando as ervas e especiarias se encontram na panela, há um mundo de possibilidades para temperar a comida. Mas não são só esses ingredientes que dão sabor. O método e o tempo de cozimento também interferem.

Vou usar a cebola como exemplo. Crua, em rodelas finas, ela faz maravilhas na salada. Mas, se você, como eu, acha o ardor da exagerado, deve saber que basta deixar as rodelinhas de molho na água com uma colherada de vinagre e cubos de gelo por alguns minutos. Ou não sabia? Bem picadinha, refogada no azeite até ficar transparente, tem outro sabor (alô, arroz?). Dourada na manteiga, cortada em meias-luas, ganha novas nuances (que tal uma bela farofa-fá?). E caramelizada... Bom, a cebola bem dourada é tão maravilhosa que eu a considero o bacon dos vegetarianos. (Será que quem não come carne concorda comigo? Tudo fica mais gostoso com cebola caramelizada.)

É cozinhando no dia a dia que a gente vai descobrindo coisas novas, como a variação da potência do alho. Cortado em pedaços maiores, o alho fica mais suave do que picado fino ou amassado no pilão; todo cozinheiro experiente sabe disso. O que talvez nem todos saibam é que há uma explicação científica: o alho é rico em alicina, substância que é liberada quando ele é cortado — uma forma de proteção natural da planta contra o ataque de herbívoros. Quanto mais se corta o dente de alho, mais a alicina é produzida, e é ela a responsável pelo sabor do alho. É por isso que o alho espremido tem uma presença mais pungente nas preparações do que um alho inteiro.

Então vamos lá: um molho de salada com azeite, limão, sal e alho cru bem picadinho fica forte. Se o alho for bem batido no pilão junto com um pouco de sal, fica mais forte ainda, fortíssimo! Já um dente de alho inteiro, descascado e amassado com a lateral da faca, apenas empresta um leve toque de seu sabor ao molho. Entre uma coisa e outra, há o alho fatiado, ou cortado ao meio, ou em quatro partes. Com isso, você tem na ponta da faca a conta certa da intensidade do sabor de alho que quer dar à sua preparação.

Viu só o tanto de coisa que pode impactar o sabor do prato? É por isso que neste capítulo final, além de juntar ervas e especiarias na sua panela, vamos explorar métodos para temperar a comida. Vamos conhecer melhor as marinadas, salmouras, refogados e, claro, aquela pitadinha de sal.

Ervas e especiarias tiram o gosto de rotina da comida.

Como temperar a comida

Uma pitada antes, uma salpicada depois? De uma vez só? Aos poucos? Veremos.

O objetivo do tempero é deixar a comida mais saborosa, seja realçando uma característica do próprio alimento, seja criando um novo sabor, um novo aroma; às vezes, até modificando a textura e a cor da preparação. Em todos os casos, um dos segredos é temperar a comida de maneira uniforme. É por isso que, quando o alimento vai para a panela, mexemos bem com uma colher. Assim, todos os pedaços de abobrinha, apenas como exemplo, entram em contato com o azeite, o tomilho ou a semente de coentro, a pimenta-da-jamaica e, claro, o sal. Quando preparamos uma sopa de lentilha (ou qualquer outra sopa, ensopado ou caldo), é o líquido que vai distribuir os sabores dos temperos, como o louro e o cominho. Já em um assado, antes de levar o refratário ao forno, espalhamos os temperos com as mãos, para que eles entrem em contato com toda a superfície do alimento, como acontece com o pernil de porco e também com os legumes assados com especiarias em geral.

O tempero pode ser adicionado antes, como no caso das carnes marinadas; durante, como nos refogados e ensopados; ou depois, em finalizações, como acontece com o manjericão fresco, que vai no molho de tomate pouco antes de ser servido, e a pimenta-do-reino, que costuma ser bem-vinda a qualquer hora. A escolha do momento e da maneira de temperar deve variar de acordo com os ingredientes e o resultado desejado. As hortaliças não precisam ficar marinando, ou seja, tomando o sabor dos temperos por algum tempo antes de serem cozidas. Já as carnes podem se beneficiar dessa técnica, que vai ser explicada logo mais.

Em termos culinários, podemos dividir as ervas entre as que gostam e as que não gostam de calor. Eu sei, você já aprendeu isso no capítulo 2. Mas não perco a oportunidade de tentar solidificar esse conhecimento em quem estiver lendo. Só lembrando, as mais delicadas perdem o sabor em temperaturas altas ou cozimentos longos e só devem ir para o preparo no fim. Elas são ótimas para finalizar pratos e também podem ser usadas em receitas frias. Já as ervas amigas do calor são aquelas que ficam melhores depois de submetidas a algum método de cozimento, tanto de forno quanto de fogão. E não costumam ser consumidas cruas. É o caso da sálvia, do alecrim e do tomilho, por exemplo. Mas elas são perfeitas para refogar, assar e dar sabor a caldos, sopas e ensopados, entre outros preparos.

As especiarias evocam sabores quentes, cítricos, terrosos, florais e frutados. Elas podem ter uma característica específica ou despertar diferentes sensações. A noz-moscada, por exemplo, é predominantemente quente, mas também tem uma nota cítrica. É por isso que esses temperos são tão fascinantes. Em geral, eles são usados no início das preparações, mas a canela, por exemplo, é bastante empregada para finalizar os doces. Assim como o sumac é usado para finalizar salgados.

Talvez esteja faltando limão

Na versão doce, limão vira bolo, musse, calda, torta — caipirinha conta? Apesar de não ser erva nem especiaria, muito menos legume aromático, o limão desempenha um ótimo papel como tempero. E sua acidez ainda potencializa os sabores. Sabe quando você prova a receita e acha que está faltando alguma coisa? Pode ser falta de acidez. Basta espremer um pouco de limão para sentir a diferença. Exemplos fáceis de pensar são as saladas e os peixes ou pratos da comida árabe, como o quibe e a esfiha. Mas ele também é certeiro em sopas, como a de lentilha ou de feijão, em carnes ensopadas, como o músculo ou mesmo o frango, e até no feijão do dia a dia (já no prato, experimente colocar umas gotinhas). Além do caldo, as raspas da casca do limão são muito versáteis. Já experimentou colocar essas raspinhas na farofa? É frescor imediato! Só cuidado para não raspar a parte branca da casca, porque ela vai amargar a comida. Sugestão: não deixe faltar limão na cozinha! Nem um zéster, o ralador de cítricos, que não pega essa parte branca da fruta.

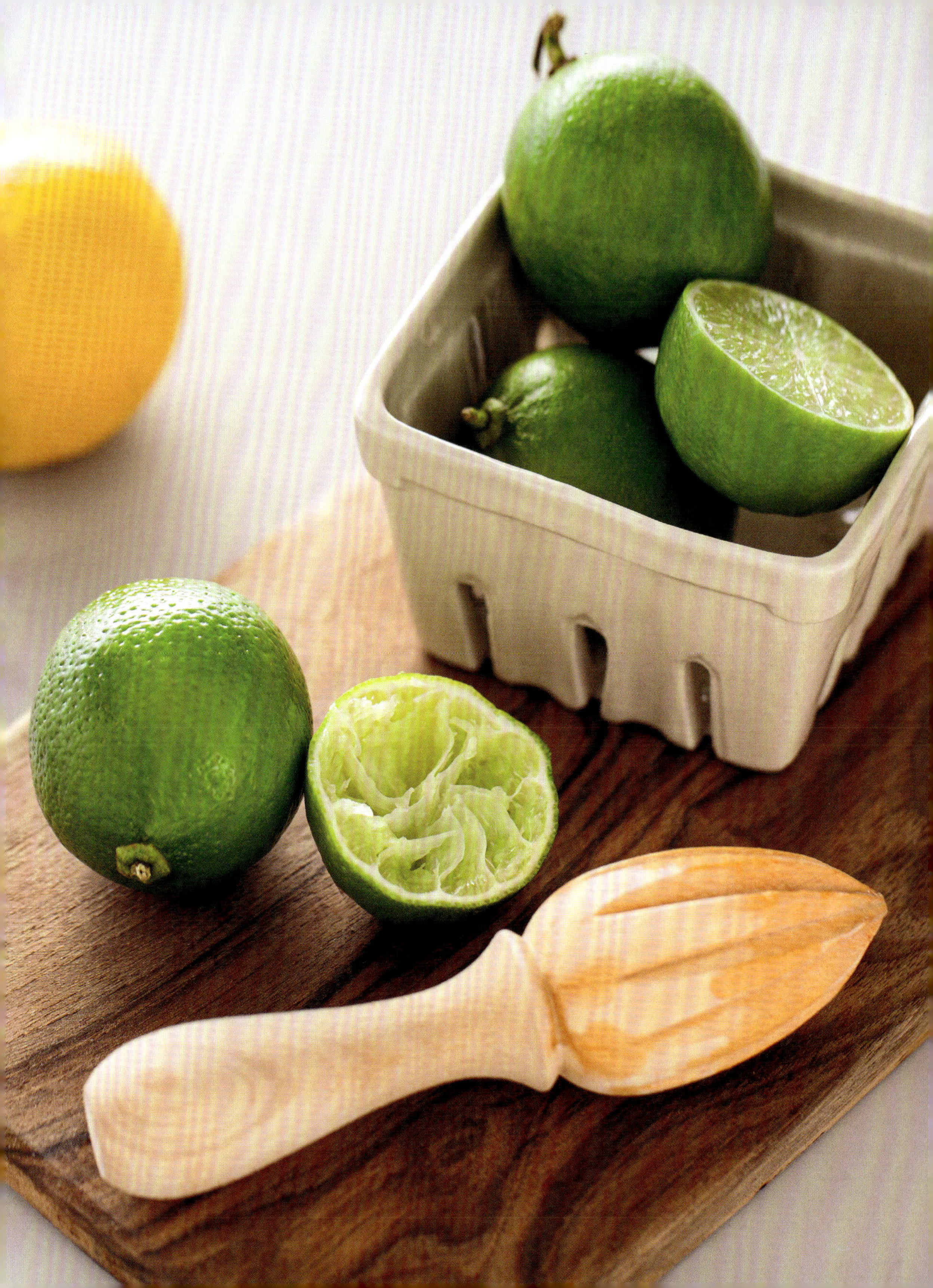

Sal escondido

Se em casa você carrega no sal, percebe que a comida ficou salgada. Com a prática, vai adaptando os sabores e controlando o uso. Já em relação aos ultraprocessados, muitas vezes as pessoas nem notam a presença do sal — apesar de ele estar ali em quantidades maiores do que as que usamos em casa. Em diversos produtos doces, inclusive nas bebidas adoçadas, a quantidade de sal é enorme! Em razão da formulação desses produtos, o sal passa batido pelo paladar. Mais um motivo para comer comida feita em casa sempre que possível. A combinação de sal, açúcar, gordura e aditivos químicos contida nos produtos ultraprocessados é uma receita para piorar sua alimentação e aumentar o risco de doenças.

Como usar o sal

O sal é um ingrediente básico, mas seu uso é cheio de nuances.

Prepare uma sopa de legumes variados e salgue de uma vez, apenas no fim: não há sal que dê conta de deixar a preparação saborosa! É provável que ela fique salgada, mas não gostosa. Agora o contrário: desde o refogado, em todas as etapas, você vai colocando pitadas de sal. Na hora de provar, vai primeiro sentir o sabor dos alimentos, ou da combinação deles, antes de notar a presença do sal.

Se você já me viu cozinhando, pode ter notado que salgo a comida aos poucos, desde a primeira etapa. O principal motivo é que o sal combina o sabor de todos os alimentos que estão na panela. É por isso que misturar uma colher de sal no fim não resolve. E você ainda tende a usar mais sal. Este, inclusive, é o segundo motivo de temperar em etapas: você acaba diminuindo a quantidade de sal na receita.

No sentido figurado, algo "sem sal" significa que é desinteressante. Mas comida salgada demais não tem nada de interessante. Para não errar a mão, tem uns macetes que você precisa saber. Temperar legumes que vão ser assados logo antes de eles irem ao forno funciona muito bem. Já em relação às preparações feitas na panela, em que os alimentos entram em momentos diferentes na receita, o melhor é salgar a cada etapa do cozimento.

Lembre-se: o sal não serve apenas para salgar os alimentos, ele realça o sabor de cada um e, principalmente, junta e combina o sabor de todos os ingredientes que estão na preparação. Isso significa que, se você colocar o sal na panela só no fim da tal sopa de legumes, não vai dar tempo de os sabores se combinarem.

Outra propriedade importante do sal é desidratar o alimento. É por esse motivo que só se tempera a salada na hora de servir. Depois de um tempo, as folhas verdes ficam com o aspecto de cozidas — na verdade, o sal puxa a água contida nelas e faz com que murchem. Isso parece ser algo ruim, e, no caso da salada, pode ser mesmo. As marinadas, contudo, assunto que vem logo a seguir, são um bom exemplo de como a adição de sal e temperos com antecedência pode interferir no sabor e na textura das carnes. Mas, então, falou em carne, pensou em marinada? Nem sempre. A técnica funciona para peças maiores; já para bifes finos, filés de peixe ou mesmo frutos do mar, o melhor é salgar na hora de colocar na panela ou na assadeira.

A saber: uma pitada de sal é a quantidade de sal que cabe na ponta de dois ou três dedos. Não é uma medida exata, mas é uma referência que você vai construir para si mesmo. Uma maneira de treinar é cozinhando preparos simples, sem muitos ingredientes, como arroz ou um ovinho mexido.

Nas receitas com a quantidade de sal indicada, você pode deixar o sal medido e reservado num pratinho e ir usando em pitadas a cada etapa do cozimento. Com isso, você também vai treinando salgar a comida na sua medida. E espero que a sua medida não seja a mesma que a de uma amiga minha: ela coloca sal no prato já servido antes mesmo de provar. Uma espécie de cacoete que, além de irritar o cozinheiro, ainda é terrível para a saúde.

> **A saber: uma pitada de sal é a quantidade de sal que cabe na ponta de dois ou três dedos.**

FRANGO COM
LARANJA, MEL E GENGIBRE

TÉCNICA: MARINADA

Uma peça grande de carne que chega à mesa suculenta e saborosa: tem marinada aí!

Como fazer com que um pernil de 4 quilos ganhe um sabor uniforme, que vá além da casquinha da superfície? A melhor resposta é uma marinada. Já conhece essa técnica auxiliar de tempero? A ideia é deixar a carne descansando envolta ou embebida em temperos por tempo suficiente para que o alimento absorva todos os sabores. A marinada é essencial para temperar os cortes maiores de carne, mas também faz maravilhas por um simples filé de frango.

Marinada líquida

É uma mistura de temperos que leva um ingrediente líquido, geralmente ácido, na qual a carne será imersa. Pode ser vinagre, vinho ou caldo de laranja, limão ou abacaxi. Além de temperar, essa técnica ajuda a deixar as carnes mais macias, porque o ácido quebra as fibras. Alguns preparos requerem planejamento, e a marinada certamente é um deles. O tempo de descanso é proporcional ao tamanho da peça: um pernil de 4 quilos precisa ficar, no mínimo, 3 horas marinando na geladeira para amaciar e pegar os sabores. Já para a carne do clássico *boeuf bourguignon*, cortada em cubos, 1 hora em vinho, tomilho e louro costuma bastar. Mas o ideal mesmo é deixar as carnes marinando por 12 horas na geladeira. Parece trabalhoso, mas na realidade é bem simples, pois só requer um pouco de planejamento: você não precisa fazer (quase) nada. Aí é só deixar a marinada em ação durante a noite toda; ou preparar pela manhã, bem cedo, caso vá cozinhar à noite. O segredo é encaixar o preparo na rotina. Em alguns casos, o líquido da marinada pode ser cozido até se transformar em um molho cheio de sabor.

Marinada pastosa

Para explicar, vou direto a um exemplo prático: misture 1 pote de iogurte natural de 170 g, ½ colher (sopa) de azeite, ½ colher (chá) de curry e 1 pitada de pimenta-caiena. Essa quantidade é suficiente para 4 bifes de peito de frango de 100 g cada um. Deixe a carne descansar nessa pastinha por 20 minutos, e o resultado será um grelhado macio, suculento e saboroso. Quer ganhar tempo? Prepare a marinada de vários bifes de uma vez só, coloque em sacos plásticos e deixe no congelador. Você tem até três meses para usar. Para descongelar, transfira o saco plástico com o frango e a marinada para a geladeira da noite para o dia e estará tudo pronto para grelhar.

Marinada seca

Esta terceira e última versão da técnica funciona muito bem quando o objetivo é que a carne chegue à mesa com aquela casquinha crocante do próprio alimento (não é um empanado). É o caso do rosbife, do frango inteiro (ou diferentes cortes dele) e até do camarão. Então, tudo o que você precisa fazer é espalhar bem os temperos sem nenhum líquido — valem páprica, mostarda em pó, sal, pimenta, açúcar mascavo. Antes de assar ou grelhar, a carne precisa descansar um pouco nesse preparo. Vantagem extra: nesse tempo, o sal trabalha amaciando a carne, que vai ficar mais suculenta.

Legumes × marinada

As verduras e os legumes não precisam descansar em marinadas. A ação do sal e do vinagre tem o efeito de "cozinhar" esses alimentos, que apresentam uma estrutura mais delicada do que as carnes — cozinhar é um termo informal; na verdade, eles perdem água e murcham, e lá se vai o aspecto cru. Mas isso pode ser altamente desejável. Por exemplo, para algumas saladas, como a de repolho macerado (as folhas, que são bem firmes, ficam macias depois de descansar no sal). Ou para quando você quer tomates com uma textura mais carnuda, mas com menos líquido — basta salpicar os gomos de tomate com sal grosso e deixar descansando em uma peneira apoiada em uma tigela; quanto maior o descanso, mais carnudos: de 1 a 24 horas, você escolhe! Depois, é só retirar o excesso de sal. Também dá para preparar conservas rápidas, ainda que isso pareça uma contradição! São picles a jato — e você pode usar as hortaliças que quiser: beterraba, chuchu, pepino e até talo de couve. Basta picar, temperar com sal, acrescentar uma especiaria (como semente de mostarda) e um ácido, em geral vinagre, mas, para uso imediato, também vale limão. Tem muitas receitas no site Panelinha e aqui no livro também.

Frango assado com limão-siciliano e alecrim

Pode marcar esta receita para servir em dias de festa, almoço de família, reunião de amigos. É sucesso garantido. O limão e as ervas deixam o frango com sabor especial, e a técnica do preparo assegura carne macia e suculenta.

TEMPO DE PREPARO 15 minutos + 1 hora de marinada seca + 1 hora e 10 minutos no forno

RENDE 6 porções

1 frango inteiro (cerca de 1,7 kg)
3 cebolas grandes
5 colheres (sopa) de azeite + azeite para untar
1 cabeça de alho
2 limões-sicilianos
1 colher (sopa) de flor de sal (ou sal grosso)
1½ colher (chá) de páprica doce
1 colher (chá) de açúcar mascavo
2 ramos de louro
4 ramos de alecrim
pimenta-do-reino moída na hora a gosto

1 Lave e seque os limões-sicilianos. Com um zéster (ou ralador), faça raspas da casca de 1 limão. Caso esteja usando sal grosso, bata no pilão para que os pedaços fiquem menores. Numa tigela pequena, misture o sal, a páprica, o açúcar mascavo, as raspas de limão e a pimenta-do-reino moída na hora a gosto — essa é a marinada seca que vai temperar o frango.
2 Seque bem o frango com papel-toalha, coloque o frango numa tigela grande e tempere com a marinada seca — esfregue sobre toda a pele, entre a pele e a carne do peito e dentro da cavidade do frango. Tampe a tigela (ou cubra com filme) e leve à geladeira para marinar por 1 hora.
3 Passado o tempo da marinada, retire o frango da geladeira. Ele precisa de cerca de 30 minutos para perder o gelo. Enquanto isso, preaqueça o forno a 220 ºC (temperatura alta).
4 Descasque e corte as cebolas em rodelas grossas de 1,5 cm. Regue o fundo de uma assadeira grande com um fio de azeite e distribua as rodelas de cebola, uma ao lado da outra, formando uma cama para o frango. Disponha sobre as cebolas 3 ramos de alecrim untados com azeite e 1 ramo de louro; coloque também na assadeira a cabeça de alho inteira. Regue tudo com 1 colher (sopa) de azeite.
5 Regue o frango com 2 colheres (sopa) de azeite e espalhe bem com as mãos. Corte em quartos o limão-siciliano usado para fazer as raspas e coloque no interior da cavidade do frango com 4 folhas de louro. Pique fino as folhas do ramo de alecrim restante e misture com 2 colheres (sopa) de azeite numa tigela pequena.
6 Posicione o frango na tábua, com o peito para cima, e encaixe a ponta das asas sob as costas — assim elas não queimam enquanto assam. Corte um pedaço grande de barbante e faça como na foto ao lado: segure uma ponta em cada mão e posicione o centro do fio na parte mais grossa do peito (onde estava o pescoço do frango). Passe o barbante sobre as coxas, rente à lateral do peito; dê uma volta por fora da ponta das coxas, cruze e amarre — dessa forma, as coxas ficam mais rentes ao peito, fazendo o calor ser distribuído de maneira mais uniforme na carne. Puxe as pontas do barbante para baixo, dando uma volta ao redor da cauda do frango, e amarre junto com as coxas — assim, a cavidade do frango fica mais fechadinha, o que deixa a carne mais úmida.
7 Disponha o frango na assadeira sobre a cama de cebola e ervas, com o peito para cima, e leve ao forno para assar por 15 minutos, até a pele começar a ganhar um tom dourado. Diminua a temperatura do forno para 180 ºC (temperatura média) e deixe assar por mais 55 minutos, até ficar com a pele bem dourada e crocante. Nos últimos 5 minutos, abra o forno com cuidado e espalhe o azeite com alecrim picado sobre a pele do frango para dar um sabor extra da erva sem queimar.
8 Para conferir se o frango está assado: com a ponta de uma faca, faça um furinho na junção da sobrecoxa com o peito. Se o líquido sair sem sangue, é sinal de que está pronto; do contrário, volte a assadeira ao forno por mais alguns minutos. Se estiver usando um termômetro: a temperatura interna do frango deve estar no mínimo 75 ºC. Retire o frango do forno e deixe descansar por 10 minutos antes de cortar. Não pule essa etapa: nesse tempo, os sucos da carne se redistribuem, o que garante um assado úmido e saboroso. Sirva a seguir.

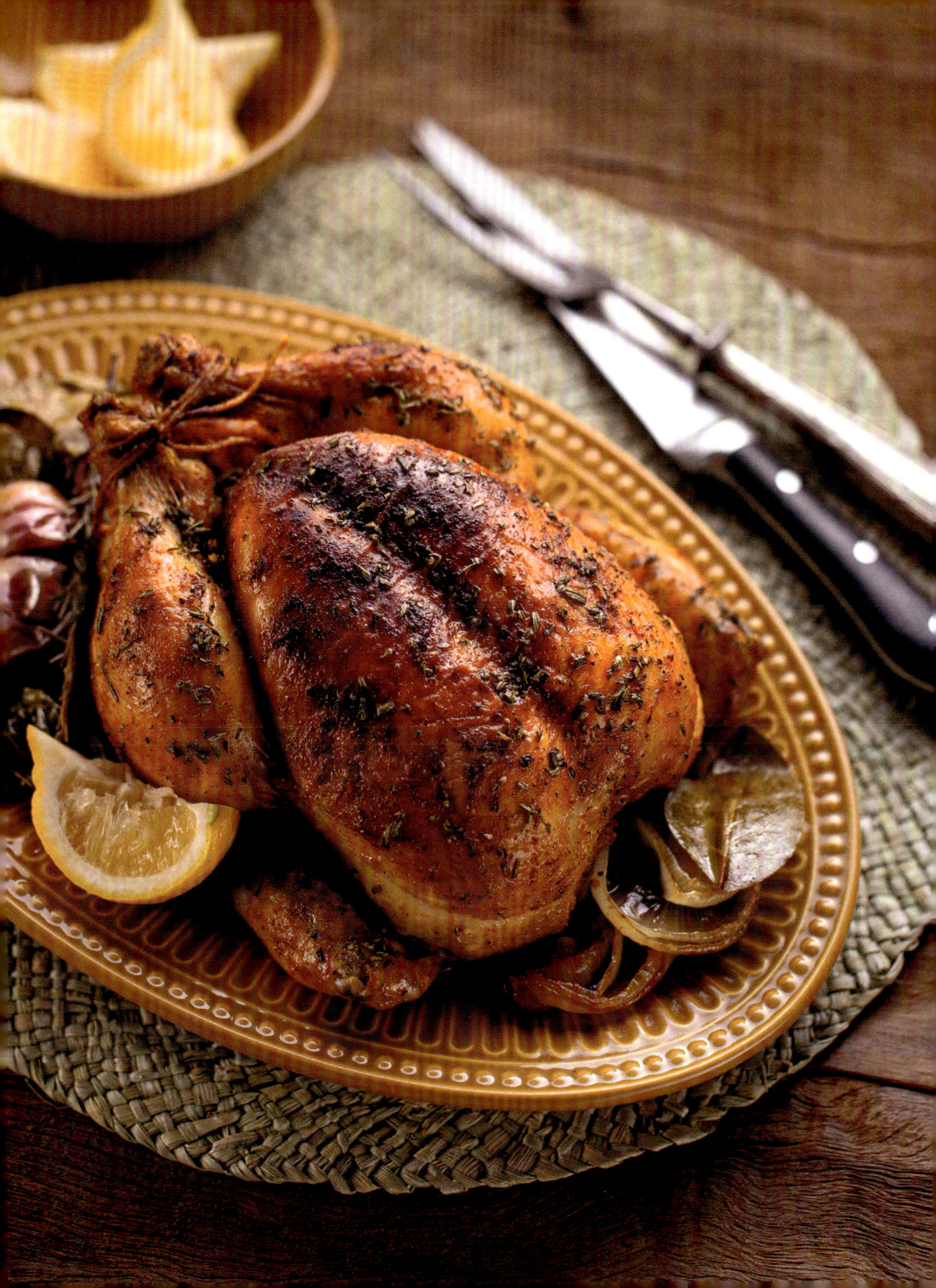

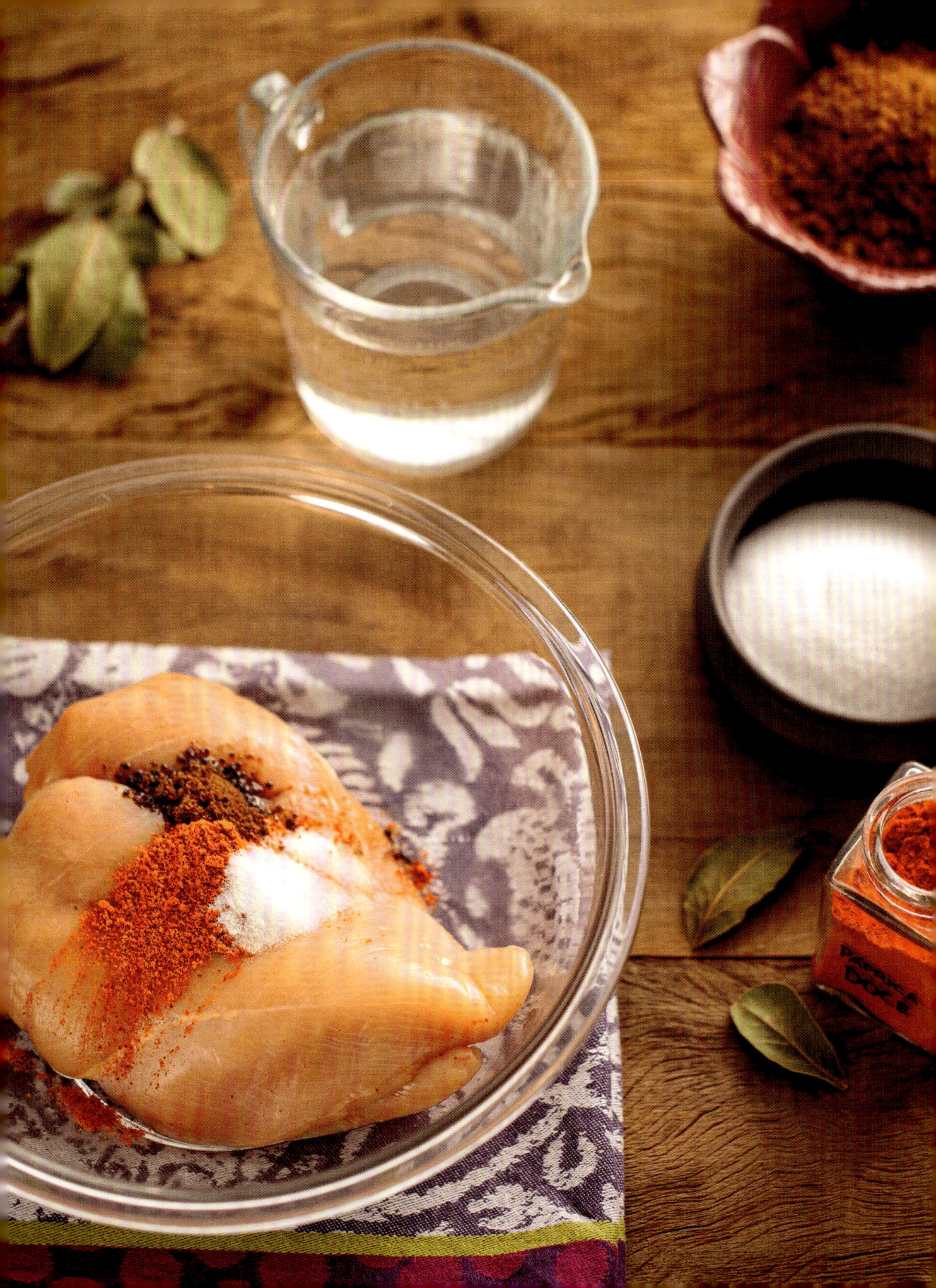
PAPRICA DOCE

TÉCNICA: SALMOURA
Mas pode chamar de soro mágico: ele deixa cortes de carne sem gordura suculentos!

Algumas carnes tendem a ficar secas, como certos cortes de porco — a exemplo do lombinho e da bisteca —, o frango assado e até o próprio filé de peito grelhadinho. Uma técnica que é tiro e queda para deixar esse tipo de carne suculenta é a salmoura, que apelidei de soro mágico. Sabe o soro caseiro usado para o tratamento de criança que está desidratada? Então, aqui vale o mesmo princípio, ainda que as proporções sejam inversas. No caso da salmoura, a proporção é de 3 partes de sal para 1 parte de açúcar, mais água suficiente para cobrir o alimento. Ervas e especiarias pegam carona nesse banho, e a carne aproveita o tempo de descanso para sair mais suculenta e também mais saborosa.

Para o frango inteiro: depois de limpar e retirar o excesso de gordura, transfira o frango para uma tigela grande e espalhe uma mistura de ¾ de xícara (chá) de sal e ¼ de xícara (chá) de açúcar por dentro e por fora da ave. Você pode aromatizar com ervas, como alecrim ou sálvia, por exemplo; com legumes aromáticos, como alho, cebola ou gengibre; com gorduras, como azeite ou leite de coco; e também com ácidos, como suco de laranja ou de limão. Regue com água até cobrir completamente o frango. (A tigela tem que ser grande o suficiente para isso.)

Frango de Natal
O peru de Natal se beneficiaria muito da técnica da salmoura, mas eu ando desgostosa com essa ave. E o motivo não é o peru nem a perua lá na fazendinha, mas a indústria que tempera e congela a ave para vender no fim do ano. Não se encontra no mercado uma versão que não tenha tempero ultraprocessado, com muitos conservantes e aquilo tudo que já conversamos no início do livro. É por isso que, ultimamente, tenho sugerido o preparo de frango para quem quer servir alguma ave assada no Natal. De todo modo, o soro mágico serve, sim, para o peru. Caso você consiga uma versão não ultraprocessada, pode usar a mesma receita do frango inteiro, mas deixe mais tempo marinando. Considere 20 minutos por quilo e deixe o período todo na geladeira.

Agora, ele precisa descansar nessa solução por 40 minutos em temperatura ambiente. Antes de ir ao forno, é necessário enxaguar bem a ave para tirar o excesso de sal e açúcar da parte externa, porém a carne estará bem temperada por dentro, e também mais macia. O sal se espalha por osmose e por difusão, sempre tentando buscar o equilíbrio do ambiente (química pura). Durante o tempo da salmoura, ele vai dissolvendo as fibras de proteína, que assim absorvem os temperos. Se você quiser manter a tigela na geladeira da noite para o dia, por cerca de 12 horas, também pode. Mas aí a proporção será outra: convém cortar o sal e o açúcar pela metade.

Esse soro é de fato tão mágico que serve até para deixar filé de peito de frango grelhado saboroso e suculento. Nesse caso, coloque 1 colher (sopa) de sal e 1 colher (chá) de açúcar e esfregue bem. Se quiser aproveitar para treinar o uso das especiarias, essa é a hora: inclua ½ colher (sopa) de páprica picante e a mesma medida de coentro em pó. Esfregue na carne e cubra com água. Deixe descansar por 20 minutos fora da geladeira. Antes de grelhar, lave e seque bem. Aqueça a grelha, ou a frigideira, antes de dourar o filé de peito por 4 ou 5 minutos de cada lado. Para coxa e sobrecoxa, aumente um pouco as quantidades. Vale para lombo e bisteca de porco também.

Então fica combinado: para carnes menores, menos sal e açúcar e menos tempo de descanso; para carnes maiores, mais quantidade e tempo. Basta respeitar a proporção de 3 partes de sal e 1 parte de açúcar.

> **O soro mágico é de fato tão mágico que serve para deixar cortes de carne sem gordura macios e suculentos.**

Bisteca grelhada com páprica e sálvia

Bisteca ressecada nunca mais! O soro mágico hidrata a carne, que fica mais úmida e suculenta depois de grelhada.

TEMPO DE PREPARO 30 minutos
RENDE 2 porções

2 bistecas de porco
1 colher (sopa) de sal
1 colher (chá) de açúcar
2 colheres (chá) de páprica
2 folhas de louro
2 xícaras (chá) de água
4 ramos de sálvia
1 colher (sopa) de azeite
pimenta-do-reino moída na hora a gosto

1 Numa tigela média, coloque as bistecas, adicione o sal, o açúcar e a páprica e esfregue bem toda a superfície da carne. Junte as folhas de louro e cubra com a água. Tampe a tigela com um prato e deixe descansar em temperatura ambiente por 20 minutos — esse soro deixa a bisteca mais úmida depois de grelhada.
2 Com uma pinça, retire as bistecas da água e seque bem cada uma com papel-toalha. Leve uma frigideira grande ao fogo médio para aquecer. Quando estiver bem quente, regue com 1 colher (sopa) de azeite e coloque as bistecas uma ao lado da outra. Tempere com pimenta-do-reino a gosto, junte os ramos de sálvia e deixe dourar por cerca de 3 minutos de cada lado. Sirva a seguir.

DICA DE PLANEJAMENTO
Você pode deixar a bisteca no soro por até 12 horas no máximo — lembre-se apenas de manter a tigela na geladeira. Antes de grelhar, retire a tigela da geladeira e as bistecas do soro e mantenha em temperatura ambiente por 10 minutos.

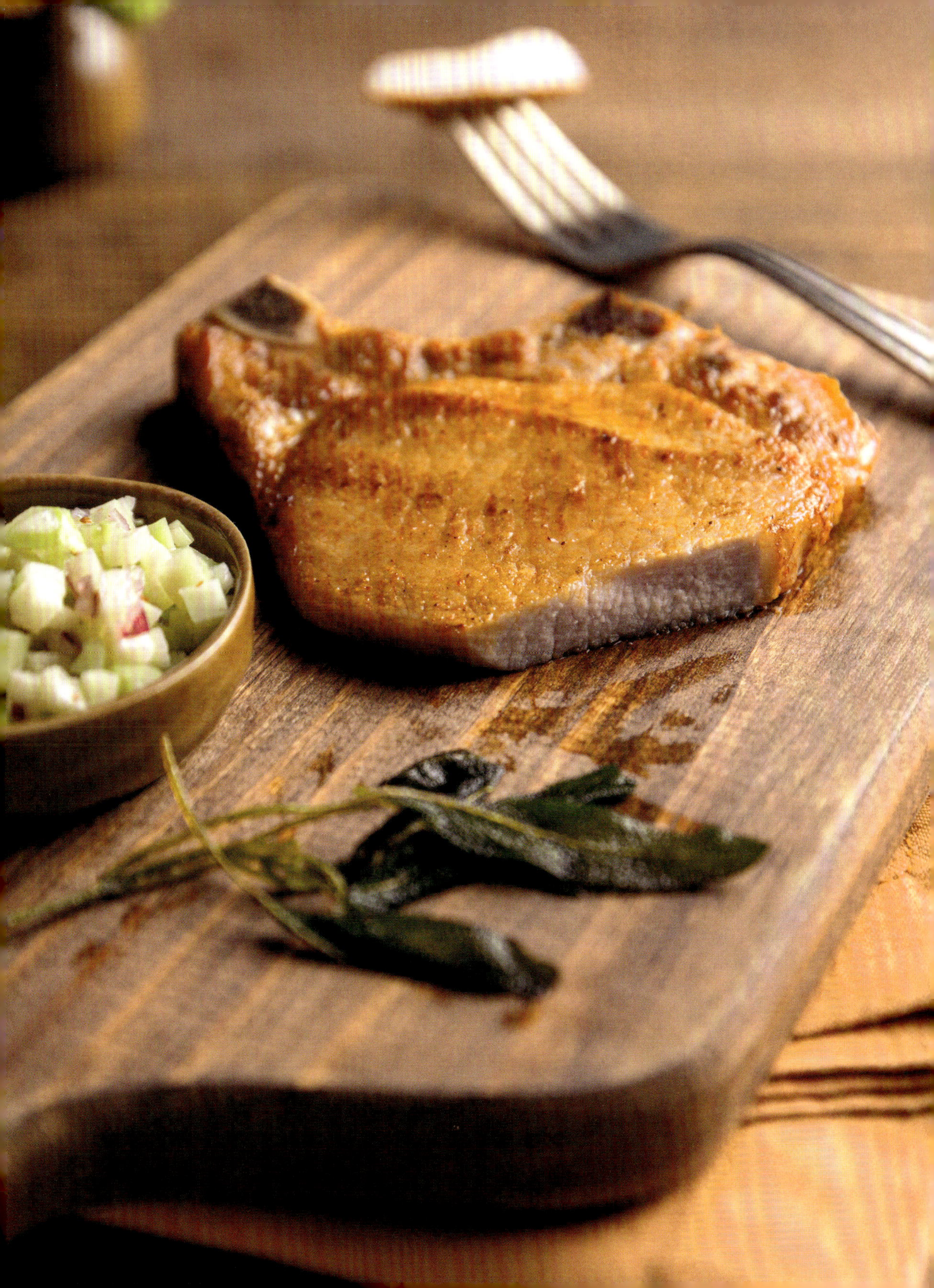

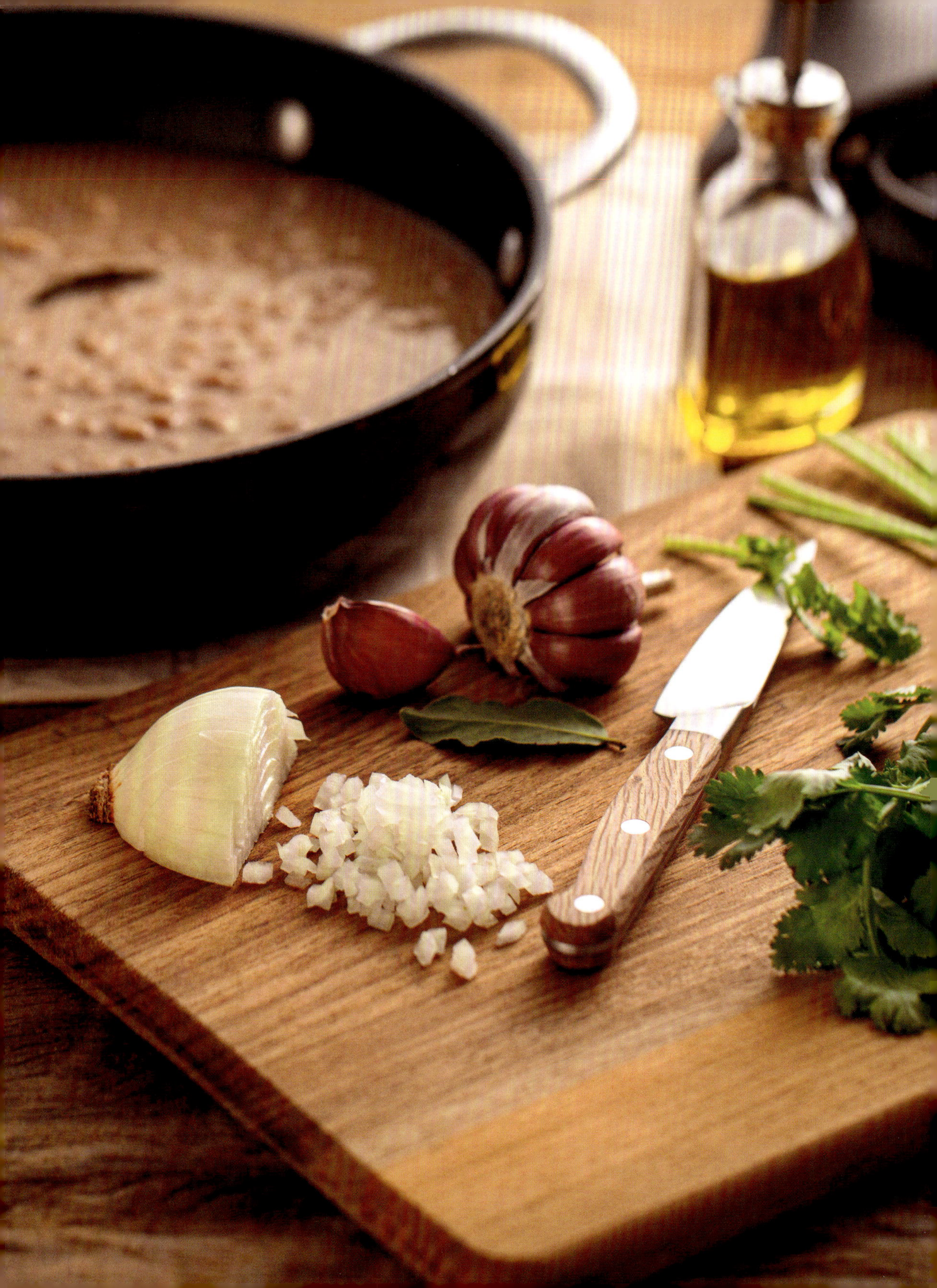

TÉCNICA: REFOGADO
Legumes aromáticos picadinhos: mexe, mexe na panela com azeite ou com outra gordura.

Pode reparar: refogar é o primeiro passo de várias preparações. Vai a cebola, vai o alho e, depois de refogar, é só escolher: arroz, feijão, legumes ou mesmo carnes. É uma base de sabor que pode incluir outros legumes aromáticos e também ervas e especiarias.

A gente usa tanto esse passo a passo que às vezes nem se dá conta de que é uma técnica. Olha a sequência: picar os ingredientes sempre em pedaços pequenos e, depois, cozinhar em azeite ou outra gordura, como óleo ou manteiga, sem parar de mexer. O refogado é tanto uma técnica auxiliar para dar sabor aos alimentos, caso dos caldos, sopas, ensopados, risotos, como um método de cozimento, usado com legumes como chuchu e abobrinha, por exemplo.

➪ Um pouco de cenoura ralada e salsão picadinho no refogado transformam o arroz!
➪ O feijão de sempre muda de sabor quando você varia os ingredientes do refogado: prove cominho e beterraba ralada; tomate e folhas de coentro.
➪ A dupla alho e salsinha faz maravilhas pelo cogumelo, que ganha até nome próprio: à provençal.
➪ Além de cebola e alho, inclua pimentão, que dá um sabor delicioso à carne moída e também ao feijão.
➪ Alho-poró refogado na manteiga dá ao purê de batata um jeitão todo especial. Turbine o sabor com noz-moscada e pimenta-do-reino.

O refogado é a base de várias receitas da culinária brasileira.

Curry de peixe

Curry é uma mistura de especiarias, mas também o nome do ensopado que leva esse tempero. Além de ganhar sabores surpreendentes, o peixe, quando preparado com esse método, fica pronto rapidinho, não resseca e ainda vira um jantarzinho daqueles!

TEMPO DE PREPARO 30 minutos
RENDE 6 porções

6 postas de prejereba sem a pele (cerca de 110 g cada)
1 cebola
2 dentes de alho
1 pimenta dedo-de-moça
200 ml de leite de coco (¾ de xícara [chá])
2 colheres (sopa) de extrato de tomate
1 colher (sopa) de açúcar mascavo
2 colheres (chá) de curry em pó (receita na p. 154)
3 ramos de coentro (folhas e talos)
1 raiz de coentro
1 pedaço de gengibre de cerca de 6 cm (cerca de 2 colheres [sopa] de gengibre picado)
2 folhas de louro
2 colheres (sopa) de óleo
sal
gomos de limão para servir
folhas de coentro, manjericão e hortelã a gosto para servir

1 Descasque e pique fino a cebola. Com a lateral da faca, amasse os dentes de alho e descasque. Lave e seque a pimenta e os ramos de coentro. Corte a pimenta em pedaços médios (se preferir menos picância, descarte as sementes). Corte os talos do coentro em pedaços médios, só para ficar mais fácil de bater (reserve as folhas inteiras para a finalização). Descasque e corte o gengibre em fatias.
2 No miniprocessador de alimentos, coloque os dentes de alho, a pimenta dedo-de-moça, o gengibre, os talos e a raiz do coentro, o curry e ½ colher (chá) de sal. Bata até triturar bem todos os ingredientes — pare de bater e raspe as laterais com a espátula quantas vezes for necessário.
3 Leve uma frigideira de borda alta (ou caçarola baixa) ao fogo médio para aquecer. Regue com 1 colher (sopa) de óleo, acrescente a cebola, tempere com uma pitada de sal e refogue por cerca de 3 minutos, até começar a dourar. Adicione 1 colher (sopa) de óleo, junte o louro, o açúcar, o extrato de tomate, os temperos batidos e mexa por 1 minuto para perfumar. Regue com o leite de coco, misture bem para dissolver os sabores, prove e, se necessário, ajuste o sal do caldo.
4 Tempere as postas de peixe com 1 colher (chá) de sal. Coloque as postas de peixe no caldo, abaixe o fogo, tampe a panela e deixe cozinhar por 10 minutos, até que o peixe esteja cozido mas ainda úmido. Sirva a seguir com as ervas frescas e gomos de limão.

OUTROS PEIXES
Você pode usar outros peixes para o preparo do curry, como robalo, namorado, pescada-amarela ou cação.

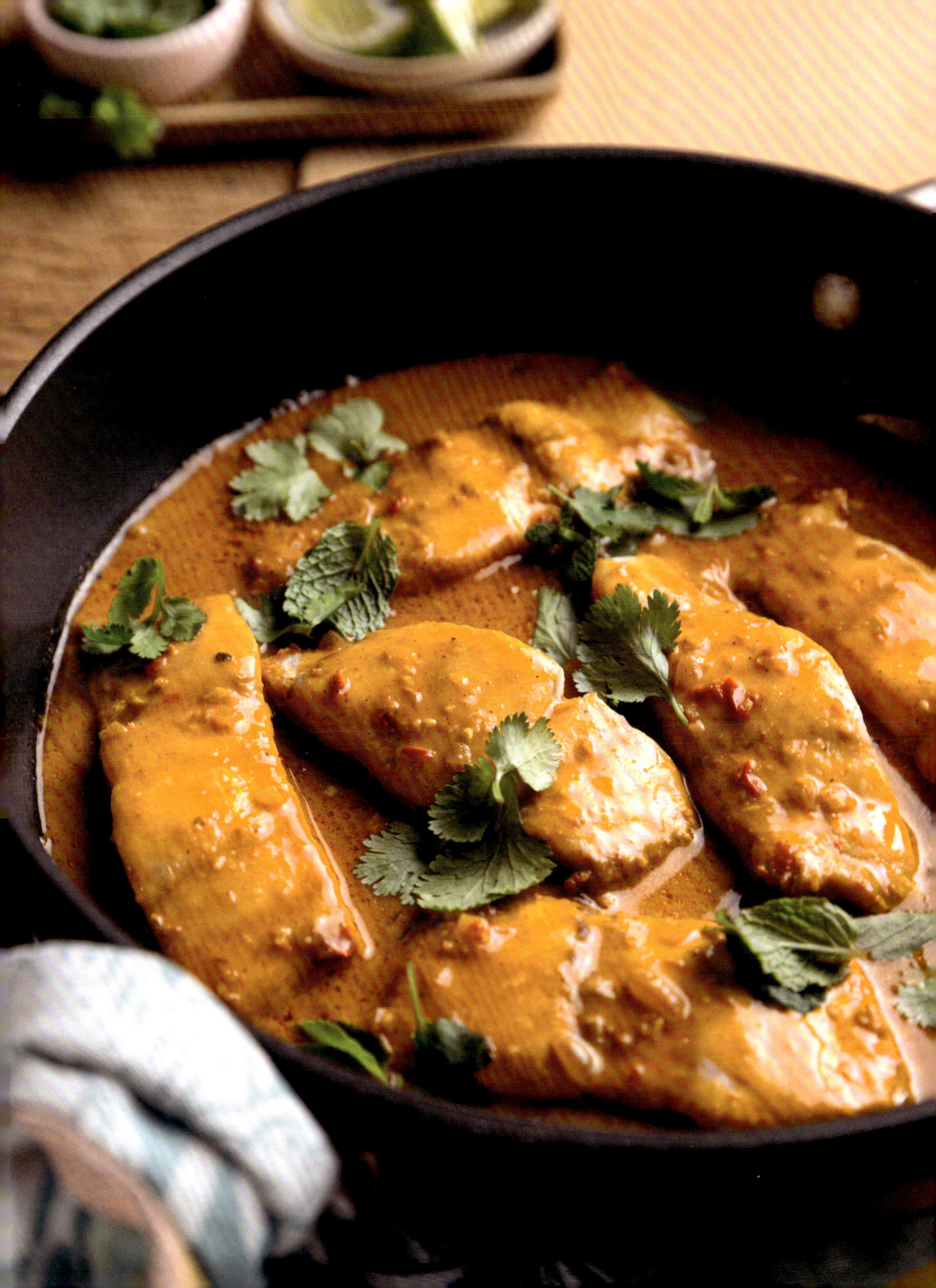

LEMON
PEPPER

SINAL VERDE PARA OS TEMPEROS PRONTOS

Como assim tempero pronto, depois de tudo o que a gente conversou? Sim, é isso mesmo. Mas o assunto aqui são temperos prontos caseiros, que nada têm de ultraprocessado. As nove receitas que você vê a seguir transformam o sabor dos alimentos apenas com ingredientes naturais, perfumados e coloridos. Você mesmo prepara a mistura de ervas, especiarias e sal. O pulo do gato é que as proporções foram testadas pelo Panelinha, ou seja, são receitas que funcionam e deixam a vida na cozinha muito mais prática. Se você tem crianças em casa, prepare os temperos com elas; aí está um bom jeito de fazer a introdução dos pequenos nas atividades culinárias.

Tempero para legumes

Lave, seque bem e debulhe as folhas de 2 galhos de alecrim — quanto mais secas, maior a durabilidade do tempero. No miniprocessador de alimentos, coloque ¼ de xícara (chá) de sal grosso, 1½ colher (chá) de páprica defumada, 2 colheres (chá) de cominho em pó e as folhas de alecrim. Bata bem para triturar o sal e misturar os sabores. Conserve num pote com fechamento hermético por até 3 meses. Experimente para temperar legumes antes de assar, refogar ou grelhar. Também fica ótimo para temperar as batatas e outros tubérculos quando forem para o forno.

Tempero para peixes

No pilão, triture 2 colheres (chá) de semente de coentro. Acrescente ¼ de xícara (chá) de sal grosso e 1 colher (sopa) de gengibre em pó. Bata mais para triturar o sal e misturar bem os sabores. Se preferir, bata os ingredientes no modo pulsar do liquidificador ou no miniprocessador. Num pote de vidro com fechamento hermético, dura até 3 meses. Use para temperar peixes antes de grelhar, assar, fritar ou cozinhar.

Tempero para aves

Esta combinação foi inspirada nos sabores da galinhada. Para 1 pote de 70 g, lave, seque bem e pique fino as folhas de 2 galhos de alecrim — quanto mais secas, mais tempo duram. No pilão, misture ¼ de xícara (chá) de sal grosso com o alecrim picado, 1½ colher (sopa) de cúrcuma e 1 colher (sopa) de cominho em pó. Bata para triturar o sal e misturar bem os sabores. Se preferir, bata os ingredientes no modo pulsar do liquidificador ou no miniprocessador. Conserve num pote de vidro com tampa. Use para temperar filés de frango, em soro ou em marinadas, antes de grelhar.

Tempero para carne vermelha

Lave, seque bem e debulhe as folhas de 3 galhos de tomilho. No pilão, triture ¼ de xícara (chá) de sal grosso com o tomilho debulhado, 1½ colher (sopa) de páprica e 2 colheres (chá) de canela em pó. Se preferir, bata no modo pulsar do liquidificador ou no miniprocessador. Num pote de vidro com fechamento hermético, a preparação dura até 3 meses. Use no lugar do sal na hora de temperar bifes para grelhar ou em carne moída e cozidos. Vai bem ainda com vegetais em geral. Experimente com batata-doce, berinjela, couve-flor e milho.

Tempero para carne de porco

Com uma tesoura, corte 12 folhas de louro em pedacinhos. Transfira para uma tigela e misture ¼ de xícara (chá) de flor de sal, 1 colher (sopa) de semente de erva-doce e 2 colheres (sopa) de açúcar demerara. Coloque num moedor de sal e use para temperar bisteca, lombo, pernil, costelinhas... Se preferir, bata os ingredientes no miniprocessador. Como leva só temperos secos, dura até 6 meses.

Açúcar perfumado

No pilão, bata levemente 2 bagas de cardamomo para abrir e tirar as sementes. Bata as sementes até virar um pó. Num pote de vidro, coloque ½ xícara (chá) de açúcar demerara, ½ colher (chá) de canela em pó, ¼ de colher (chá) de gengibre em pó, 1 pitada de cravo em pó e as sementes de cardamomo trituradas. Chacoalhe bem para misturar. Conserve fechado por até 3 meses. Use para adoçar o leite com cacau quente (fica com o estilo de chocolate quente mexicano), para adoçar o chá preto ou para assar ou grelhar frutas.

Lemon pepper

Lave e seque bem 3 limões-sicilianos. Com um descascador de legumes, faça tiras da casca dos limões, com cuidado para não extrair a parte branca. Preaqueça a Air Fryer a 90 ºC e programe para assar por 20 minutos. Assim que a Air Fryer estiver aquecida, abra a gaveta, tire o cesto, distribua as casquinhas e cubra com o cesto — assim as tiras de limão não voam ao assar. Quando terminar de assar, deixe esfriar completamente antes de transferir para um moedor de café. Inclua 12 grãos de pimenta-do-reino e 2 colheres (chá) de sal grosso. Triture bem. Se preferir, pode trocar o limão-siciliano por 2 laranjas-baía. O lemon pepper caseiro vai bem com peixes ou para temperar o franguinho. Experimente também temperar a pipoca, fica uma delícia!

Curry caseiro

Não encontrou curry no mercado? Esse mix de especiarias pode ser feito em casa. Leve uma frigideira pequena com 2 colheres (chá) de semente de coentro e 2 colheres (chá) de cominho em grão ao fogo baixo. Toste as especiarias por cerca de 1 minuto para que liberem todo o perfume. Transfira os grãos para o moedor de café junto com 2 colheres (chá) de cúrcuma, 1 colher (chá) de gengibre em pó, ¼ de colher (chá) de canela em pó e 1 colher (chá) de pimenta calabresa. Triture bem os ingredientes. Transfira para um pote com tampa e conserve por até 3 meses. Experimente usar em ensopados, sopas e receitas com arroz.

Tempero de cacau e pimenta

A combinação do amargo do cacau com o doce do açúcar cristal, o salgado do sal e o perfume das especiarias pode transformar o sabor de sorvetes, saladas de frutas, musses e biscoitos. Numa tigela, misture ¼ de xícara (chá) de nibs de cacau, ¼ de xícara (chá) de açúcar demerara, 1 colher (sopa) de semente de coentro, 2 colheres (chá) de flor de sal e 1 colher (chá) de pimenta calabresa. Coloque num moedor de sal e use para temperar as sobremesas na hora de servir. Experimente com musse de chocolate, salada de frutas, sorvete, arroz-doce ou até no chocolate quente. Conserve no moedor por até 6 meses.

Ingredientes culinários

Óleos e outras gorduras, como azeite e manteiga, além de açúcar e sal, são ingredientes culinários. No *Guia alimentar para a população brasileira*, uma publicação do Ministério da Saúde que contou com a colaboração técnica do Núcleo de Pesquisas Epidemiológicas em Nutrição e Saúde da Universidade de São Paulo, eles são agrupados e considerados produtos essenciais na preparação de alimentos *in natura* e minimamente processados. E têm outras características em comum: não são consumidos isoladamente (ninguém deveria comer uma colher de sal ou de açúcar!) e não devem ser usados em excesso — mais um motivo para excluirmos do cardápio os ultraprocessados, que contêm quantidades exageradas de sal, açúcar e gordura, além de aditivos químicos.

índice de receitas

Abacaxi grelhado com licor de laranja e alecrim, **75**
Abóbora assada com canela, pimenta calabresa e noz-moscada, **123**
Abobrinha agridoce de frigideira, **73**
Abobrinha recheada com carne moída e uma pitada de canela, **111**
Açúcar perfumado, **154**
Almôndega-aperitivo com salsinha e hortelã na Air Fryer, **72**
Arroz árabe com carne moída e especiarias (hashweh), **115**
Arroz com curry, **108**
Arroz com salsinha, **61**
Arroz persa com mix de ervas (sabzi polo), **63**
Arroz-doce com cúrcuma, cardamomo e canela, **131**
Batata bolinha ao murro com sálvia, **69**
Batata rústica com alecrim, tomilho e sálvia na Air Fryer, **71**
Biscoito amanteigado com alecrim, **77**
Bisteca grelhada com páprica e sálvia, **146**
Brigadeiro de abóbora com canela, gengibre e pimenta-da-jamaica, **133**
Broa caxambu, **130**
Castanha-de-caju apimentada, **108**
Couve-flor assada com páprica, **121**
Curry caseiro, **154**
Curry de peixe, **150**
Ensopado de grão-de-bico com cenoura e mix de especiarias, **116**
Feijão com cominho, **113**
Feijão-preto com tomate e cebolinha, **60**
Frango assado com limão-siciliano e alecrim, **142**
Frango com molho de mel e páprica, **112**
Legumes assados com tomilho e cominho, **120**
Lemon pepper, **154**
Lillet com laranja e alecrim, **74**
Macarrão com molho de grão-de-bico, **127**
Manteiga composta, **50**
Molho pesto, **40**
Moqueca rápida de peixe, **66**
Pão asiático de frigideira, **54**
Pasta de ervilha com abacate e coentro, **52**
Pé de moleque com semente de coentro, **129**
Peixe grelhado com molho de manteiga, tomilho e limão, **68**
Pera cozida no micro-ondas com mel e canela, **128**
Purê de batata com cheiro-verde, **70**
Quiabada com abóbora, couve-flor e coentro, **58**
Quiche de alho-poró com alecrim, **65**
Repolho macerado com cominho e semente de mostarda, **126**
Salada de arroz com pepino, uva-passa, hortelã e salsinha, **56**
Salada morna de tomate com manjericão, **52**
Salmão assado com páprica, mel e cebola-roxa, **125**
Sopa de ervilha com páprica e cominho na pressão, **119**
Tabule de ervas com laranja, **57**
Tempero de cacau e pimenta, **154**
Tempero para aves, **153**
Tempero para carne de porco, **154**
Tempero para carne vermelha, **153**
Tempero para legumes, **153**
Tempero para peixes, **153**

índice remissivo

A

abacaxi, **38, 75, 96, 135**
abecedária *ver* jambu
abóbora, **13, 25, 29, 33, 43, 87, 89, 91, 93**; japonesa, **58, 123, 133**; abóbora, semente de, **123**; purê de, **133**
abobrinha, **15, 25, 41-2, 46, 101, 111, 120, 136, 149**; italiana, **73**
açafrão, **80, 82, 87**; características, **85**
açafrão-da-terra *ver* cúrcuma
açúcar: cristal, **154**; de confeiteiro, **77**; demerara, **77, 154**; mascavo, **116, 141-2, 150**
agrião, **25**
agrião-do-brasil *ver* jambu
agrião-do-norte *ver* jambu
agrião-do-pará *ver* jambu
Air Fryer, **30, 71-2, 154**
alcaçuz, **86**
alcaparra, **42**
alecrim, **14, 29-31, 33, 39-40, 47, 49-50, 65, 69, 71, 74-5, 77, 92, 127, 135-6, 142, 145, 153**; características, **33**
alface, **25**
alho, **13-6, 42, 60, 70-1, 95, 111, 116, 125**; alicina, **135**; desidratado, **123**; variação da potência do, **135**
alho-poró, **65, 149**
alimentos, nova classificação dos, **17-8, 20**
almeirão, **25, 29**
ambrosia, **89**
amburana, **103**
amêndoa laminada, **63**
amendoim: **18**, descascado, torrado, **129**; picante, **112**
amido de milho, **112**
anis *ver* erva-doce, semente de
anis-estrelado, **80, 82, 98**; características, **86**
antiumectantes, **17**
arak, **96**
arenque, **93**
armazenamento, **29, 32-4, 40, 49, 77, 106-7**
aromatizantes, **15-7, 20**
arroz, **13-5, 18, 20, 24-5, 30, 39, 40, 47, 61, 63, 80, 85-90, 99-100, 108, 115, 131, 139, 149, 154**; com feijão, **15, 24**; frito, **34**; japonês, **44**; lambe-lambe, **98**; rolinhos de papel de, **35**; sete cereais, **56**
aspargo, **43**
atum, **18**
aves, **18, 24-5, 30, 33, 39-40, 42-3, 47, 94, 99**; tempero caseiro pronto para, **153**
avocado, **52**
azeite: aromatizado, **30-1, 50**; de dendê, **66**; perfumado, **70**
azeitona, **42**; verde, **127**

B

ba-har *ver* pimenta síria
baião-de-dois, **47**
Banzeiro (restaurante em São Paulo), **103**
bao, **44**
basílico, **41**
batata, **25, 38, 42, 70**; assada, **29, 71**; assada com alecrim, **30**; baraka, **71**; bolinha, **69**; -doce, **25, 153**
baunilha, **82**; características, **87**
baunilha-banana *ver* baunilha-do-cerrado
baunilha-do-cerrado, **103**
béarnaise, **37**
berinjela, **18, 25, 33, 38, 41, 43, 46, 87, 89, 97, 100-1, 153**
beterraba, **37, 89, 97, 141, 149**; sopa gelada de, **36**
biscoitos amanteigados, **30, 33, 77**
bisteca de porco, **145-6, 154**
bobó de camarão, **35**
boeuf bourguignon, **46, 141**
bolo de fubá, **96**
borscht, **36**
bouillabaisse, **39, 85**
bouquet garni, **30, 40, 42, 46**; características, **45**
braseado, **30, 79**
brócolis, **25**
bruschettas, **41**

C

cação, **150**
cacau, nibs de, **154**
cacio e pepe, **94**
caldos, **14, 30, 34, 39-40, 42, 45-6, 86, 89, 94, 136, 149**,
calor, ervas que gostam ou não de, **30-1**
camarão seco, **39**
canela, **10, 13, 18, 25, 79-80, 82, 85-7, 89, 93, 95, 98-100, 103, 135-6, 153**; características, **87**; em pau, **107**; em pó, **77, 111, 115, 123, 128, 131, 133, 153-4**; rama de, **87, 116, 119, 135**
canjica, **89**
capim-cidreira, características, **34**
capim-limão *ver* capim-cidreira
capim-santo *ver* capim-cidreira
cará, **25**
cardamomo, **14, 25, 80, 82, 85, 87, 88, 95, 98-100, 103, 106, 131**; sementes de, **154**
caril, **80**

carne(s), **13, 15, 18, 24-5, 29-30, 38, 40, 88, 90, 92-4, 98-100, 136, 145, 149**; carne crua, **38**; marinadas, **136**; seca, **18**; tempero caseiro pronto para, **153**; ver também frango, peixes, porco e carnes específicas
carpaccio de carne, **95**
castanha-de-caju, **40, 108, 115**
Castanho, Thiago (chef) **103**
catalonha, **25**
cebola, **13-6, 18, 33-4, 43, 46, 58, 60-1, 63, 66, 72, 97, 108, 111, 113, 116, 119, 135, 142, 145, 149-150**; caramelizada, **115**; cravejada, **89**; roxa, **52, 125**
cebolinha, **29, 31, 35, 47, 49, 51, 54, 60, 63, 70, 90**; características, **34**; como escolher, **35**; francesa, **34**; talo da, **34**
cenoura, **14, 16, 37-8, 41-2, 46, 87, 99, 116, 149**; conservas de, **18**
cerefólio, **47**
ceviche, **35**; coentro no, **30**
chai, **96**
cheiro-verde, **29, 70**; características, **47**
chicória, **29**
chicória-do-pará
  ver coentrão
chilli, **89**
chocolate, **33, 86-8, 90, 95, 103, 154**; amargo, **38**
chorizos, **92**
chuchu, **42, 80, 89, 120, 141, 149**
chucrute, **89**
chutneys, **89**
cinco especiarias chinesas, **82, 86, 89, 98**
club soda, **74**
coco seco queimado ralado, **133**
coentrão, **29, 39, 47**

coentro, **14, 29-31, 35-6, 52, 57-8, 60, 66, 70, 89, 95, 97, 99-100, 116, 145, 150**; características, **35**; em pó, **145**; raízes do, **116**
coentro, semente de, **80, 82, 86, 93, 119, 129, 136, 153-4**; características, **95**
cogumelos, **18, 40, 42, 44, 46, 91, 149**
Comida & Cozinha (McGee), **89**
cominho, **13, 72, 79, 80, 82, 86-7, 93, 95-6, 99-101, 112-3, 115-6, 119-20, 136, 149, 153**; características, **89**; em grão, **154**; semente de, **126**
corantes, **16, 20**
cordeiro, **38, 43**
costelinhas, **154**
couve-flor, **18, 58, 89-90, 121, 153**
cozidos, **25, 30, 35, 39-40, 43-4, 46, 85, 88-9, 92-3, 95, 98, 100, 153**
cravo-da-índia, **14, 18, 25, 82, 87, 89, 92-3, 95, 98, 100, 103, 107, 116**; características, **89**; em pó, **116, 154**
crème brûlée, **103**
creme de leite fresco, **65**
crudités, **52**
crumble, **25**
cumari, **104**
cumaru, **103**
cumaru-das-caatingas
  ver amburana
cumaru-do-ceará
  ver amburana
cúrcuma, **14, 63, 80, 82, 85, 90, 99-100, 106, 131, 153-4**; características, **90**
curry/ies, **14, 30, 34, 41, 54, 82, 87, 89-90, 93, 95, 108, 141, 154**; características, **99**; em pó, **150**; indiano, **80**; significado, **150**
cuscuz, **89**
custard, **91**

D

damasco, **88, 89**
deviled eggs, **92**
diabetes, **15, 20-1**
dieta brasileira, **24, 79**
dill, **36, 63**
doenças cardíacas, **21**

E

eggnog, **91**
Electrolux, **71-2**
endro, **29, 47, 63**; características, **36**
ensopados, **14, 25, 30, 34-5, 39-40, 44, 46-7, 54, 58, 79, 85, 89, 95-6, 98-9, 116, 136, 149-50, 154**
erva-doce, semente de, **37, 47, 80, 82, 85-6, 99-100, 130, 154**; características, **96**
ervas: e o calor, **14, 30-1, 49, 90, 136**; congelamento, **49**; secagem, **49**
ervas, combinação de: *bouquet garni*, **45**; cheiro-verde, **47**; ervas da Provence, **47**; ervas finas, **47**; frescas, **18, 29, 31, 42-3, 49, 73, 119, 150**
ervas da Provence, **33, 40, 44**; características, **47**
ervilha, **18, 25, 38, 44, 52, 95**; seca, **119**
escarola, **25, 100, 112**
esfiha, **46, 100-1, 136**
especiarias, **13-6, 18, 25, 46, 78-80, 82, 84-101, 103-7, 115-6, 120, 123, 133**; brasileiras, **103**; cítricas, **14**; florais/frutadas, **14**; quentes, **14**; terrosas, **14**; manual das, **84**; misturas de, **82**
especiarias, mix de: cinco especiarias chinesas, **98**; curry, **99**; pimenta síria, **100**; ras el hanout, **100**; zátar, **101**
espinafre, **25, 37, 40, 89, 91**
esterilização, **107**

estragão, 47, 96; características, 37
eugenol, 89

F

faláfel, 95
farinha: de rosca, 72, 111; de trigo, 18, 54, 65, 68, 77, 111, 130
feijão, 13-6, 18, 24-5, 39, 44, 65, 80, 89-90, 103, 113, 136, 149; -branco, 30, 33, 43, 85; -carioca, 113; -fradinho, 42; -preto, 60
fígado, 43
finalizações, 92, 136
fines herbes, 35, 37
flor de sal, 142, 154
frango, 17, 20, 33-7, 41-2, 44, 47, 79, 85, 89-93, 95-8, 101, 112, 126, 129, 136-7, 143, 147, 156; assado, 145; biryani, 87; de Natal, 145; grelhado, 128, 135; inteiro, 142; filé de, 50, 135, 141, 145, 153
frutas: 25, 31, 33, 75, 86-9, 91, 94-6, 129, 154 assadas, 93; cítricas, 35, 85, 95-6; cristalizadas, 18; em calda (compotas), 18, 89, 93, 98 ; grelhadas, 154; secas, 38, 87; *ver também* frutas específicas
frutos do mar, 44, 80, 85, 90, 93, 96, 100, 139
fubá, 68, 96, 130
funcho, 96

G

galinhada, 47, 90, 98, 153
ganache, 103
garam masala, 89
gelo decorado com ervas, 38, 43

gengibre, 14, 16, 56, 88-90, 98-100, 103, 116, 133, 145, 150; chá de, 94; combinação de sabores, 90; em pó, 14, 82, 90, 108, 116, 133, 153-4
gergelim, 54, 101; óleo de, 90; pasta de, 123
girassol, semente de, 129
glogg, 91
goulash húngaro, 92
grão-de-bico, 18, 25, 89, 95, 116, 127
gravlax, 36
gremolata, 42
Guia alimentar para a população brasileira, 10, 18, 20, 155

H

habanero, 104
hashweh, 115
hibisco em pó, 123
higienização e armazenamento, 49
hommus ma lahma, 101
horta em casa, 51
hortaliças, 24-5, 29, 89, 104, 136, 141
hortelã, 29-31, 34-6, 56-7, 72-3, 89-90, 115, 119, 123, 150; características, 38; congelamento, 49

I

inhame, 25
iogurte, 18, 20, 35, 38, 72, 97, 98, 119, 123, 125, 141
irish stew, 39

J

jambalaya, 93
jambu, 39
jambuaçu *ver* jambu
jerk chicken, 93
jiló, 89

K

kafta, 87, 100
kebab, 89, 97, 100
kulfi, 88

L

laranja, 35; -baía, 57, 77, 154; casca de, 74
lasanha, 91
lassi, 41
lavanda, 47, 100
legumes: aromáticos, 13-6, 145, 149, assados, 42, 136; tempero caseiro pronto para, 153
leguminosas, 18, 24, 25, 89, 90
leite condensado, 131, 133
leite de coco, 34-5, 66, 99, 145, 150
lemon pepper, 154
lentilha, 25, 44, 89-90, 96, 99, 136
licor, 74-5
lillet, 74
limão, 68, 72, 97, 115-6, 119, 150; falta do, 136; raspas de, 75, 79; -siciliano, 36, 50, 89, 125, 142, 154; raspas de, 127
linguado, 37
lombo, 145, 154
louro, 13-4, 30, 39-40, 45, 47, 60-1, 63, 107-8, 113, 115-6, 119, 141-2, 146, 150, 154
Lozano, Diego (chef), 103

M

maçã, 25, 73, 87, 89, 91, 93, 96, 119; chá de, 94; maçã fuji, 119
macarrão, 18, 20, 23, 24, 25, 30, 120, 127
macis, 91
magiritsa, 36
malagueta, 104
mandioca, 18, 24-5; -brava, 39
mandioquinha (batata-baroa), 25

manjericão, **14**, **29-31**, **40-1**, **52**, **93**, **150**; características e tipos, **41**; congelamento, **49**; fresco, **136**; pesto de, **40**
manjericão-japonês *ver* shissô
manjerona, **39-40**, **42**, **47**, **101**; características, **40**
manteiga composta, **35-6**, **41**, **43**, **50**
marinada, **10**, **33-4**, **40**, **44**, **86**, **92-5**, **98**, **135-6**, **139**, **153**, líquida, **141**; pastosa, **141**; seca, **141-2**
McGee, Harold, **89**
mel, **46**, **56-7**, **73**, **80**, **90**, **97**, **112**, **125**, **128**
menta apimentada, **44**
milho, **18**, **25**, **42**, **46**, **153**
mirepoix, **14**
missoshiro, **35**
Mocotó (restaurante em São Paulo), **103**
molho: agridoce, **56**, **112**; bechamel, **91**; chimichurri, **42**; de iogurte, **125**; de iogurte com tahine, **123**; de iogurte e ervas, **72**; manteiga com limão, **68**; pesto, **40-1**
moqueca, **35**, **66**; capixaba, **98**
mostarda, **99**; em pó, **80**, **141**; semente de, **82**, **97**, **99**, **126**
moussaka, **42**, **91**

N

nabo, **44**
namorado, **150**
Natal, **89**, **94**, **123**, **145**
nhoque, **30**, **43**
noz-moscada, **13-4**, **65**, **70**, **77**, **80**, **82**, **93**, **99-100**, **103**, **105-6**, **119**, **123**, **133**, **136**, **149**; características, **91**

Núcleo de Pesquisas Epidemiológicas em Nutrição e Saúde da Universidade de São Paulo (Nupens/USP), **17**, **23**, **155**

O

Oliveira, Rodrigo (chef), **103**
ora-pro-nóbis, **25**
orégano, **31**, **39-40**, **101**; características, **42**
ossobuco, **42**
ouzo, **96**
ovos, **18**, **24-5**, **36-7**, **42**, **47**, **65**, **87**

P

pacová, **103**
pad kra pao, **41**
palmito, **18**
panna cotta, **103**
pão, **23**, **25**, **101**, **128**; de frigideira, **54**; italiano, **52**; manteiga composta para, **50**
páprica, **13-4**, **16**, **80**, **82**, **104**, **125**, **141**, **146**, **153**; características, **92**; defumada, **58**, **92**, **153**; doce, **92**, **111-2**, **115**, **119**, **121**, **142**; picante, **92**, **145**
patatas bravas, **92**
patinho moído, **72**, **111**, **115**
pato no tucupi, **39**
pê-efe, **24-5**, **71**, **73**, **120**
peixes, **29**, **33-5**, **39-40**, **47**, **80**, **89-90**, **94**, **96-7**, **99-100**, **150**, **153-4**; crosta de, **95**; tempero caseiro pronto para, **153**; *ver também* específicos
pepino, **36**, **38**, **44**, **97**; com iogurte, **38**; conservas de, **18**; japonês, **56**
pera, **86-8**, **128**
pernil, **136**, **141**, **154**
persillade, **42**
pescada, **68**
pescada-amarela, **150**

Pesquisa Nacional de Saúde (Fundação Oswaldo Cruz), **16**
pesto genovês, **41**
pho (sopa vietnamita), **86**
picadinho, **30-1**, **34**, **90**, **135**, **149**
pilaf, **87**
pimentas, **44**, **66**, **104**: caiena, **82**, **93**, **97**, **108**, **141**; calabresa, **82**, **93**, **104**, **120**, **123**, **127**, **154**; -da-jamaica, **82**, **92**, **94**, **100**, **133**, **136**; -de-cheiro, **39**, **58**, **66**; -de-macaco, **103**; -de-sichuan, **98**; dedo-de-moça, **66**, **97**, **150**; dicas para o uso, **104**; -do-reino, **13-4**, **50**, **52**, **56-7**, **60**, **68-70**, **72-3**, **80**, **89**, **92**, **94-5**, **99-100**, **103-6**, **111-3**, **115**, **119**, **121**, **123**, **136**, **142**, **146**, **149**, **154**; -rosa, **82**, **95**; síria, **80**, **82**, **100**, **115**
pimentão, **14**, **33**, **42**, **92-3**, **104**, **149**; amarelo, **66**, **120**; verde, **66**; vermelho, **58**
pizzas, **20**, **30**, **41**
polvilho doce, **58**
porco: **18**, **40**, **42-3**, **80**, **86-9**, **92**, **95-6**, **98**, **136**, **145**; banha, de **18**; bisteca, **146**; lombo de, **145**, **154**; pernil, **10**, **136**, **141**, **154**; tempero para, **154**
praliné, **129**
prejereba, **150**
presunto cru, **43**
priprioca, **103**
processados, **18**, **20**, **155**
purê, **10**, **13**, **34**, **38**, **52**, **70**, **113**, **133**, **149**
puxuri, **103**

Q

quatre épices, **89**
queijo, **18**, **128**; de cabra, **33**, **46**, **95-6**; feta, **37**, **38**, **40**; parmesão, **40**, **111**; pecorino, **94**
quiabo, **25**, **58**

R

rabanete, **25**, **37**, **120**
ras el hanout, **14**, **82**, **89**, **100**
refogados, **14**, **16**, **30-1**, **42**, **44**, **47**, **98**, **100**, **135-6**, **139**, **149**; manteiga composta para, **50**
Remanso do Peixe (restaurante em Belém), **103**
repolho, **25**, **35**, **46**, **89**, **91**, **97**; -roxo, **126**
risoto, **13**, **15**, **23**, **25**, **35**, **43**, **85**, **89**, **108**, **120**, **128**, **135**, **149**
robalo, **66**, **150**
rosbife, **141**
rúcula, **25**

S

sabaa baharat *ver* pimenta síria
sabzi khordan, **37**
sabzi polo, **63**
sachet d'épices, **40**
sal, **138-9**, macetes e propriedades, **139**; segurelha no lugar do, **44**
saladas, **15**, **23**, **25**, **30-1**, **33**, **36-9**, **42**, **44**, **52**, **56**, **95**, **97**, **108**, **111**, **135-6**, **139**, **141**; de frutas, **31**, **33**, **38**, **154**
salmão, **29**, **36**, **42**, **125**
salmoura, **135**, **145**, **146**; preservação, **18**
salsão, **14**, **149**
salsichas alemãs, **40**
salsinha, **13-4**, **29-30**, **35**, **45**, **47**, **56-7**, **61**, **63**, **70**, **72-3**, **89**, **96**, **119**, **123**; características, **42-3**; congelamento, **49**

sálvia, **13-4**, **29-0**, **40**, **43**, **47**, **69**, **71**, **92**, **123**, **136**, **145**, **146**; congelamento, **49**
sardinha, **18**, **33**
sassami, **112**
Schaedler, Felipe (chef), **103**
segurelha, **44**, **47**
shissô, **44**
sobremesas, **24-5**, **34**, **75**, **80**, **87**, **88**, **91**, **93**, **95**, **100**, **103**, **135**, **154**
sorbet de limão, **75**
soro mágico, **145-6**
steak au poivre, **94**
sumac, **57**, **82**, **97**, **101**, **136**

T

tabule, **30**, **42**, **57**
tacacá, **39**
tagine(s), **39**, **79**, **87**, **93**, **100**
tahine (pasta de gergelim), **123**
tamales, **98**
tapenade, **46**
temperos prontos caseiros, **31**, **153**; açúcar perfumado, **154**; cacau e pimenta, **154**; curry, **14**, **154**; lemon pepper, **154**; para carne de porco, **154**
tempurá, **44**
tomate, **16**, **20**, **25**, **29**, **37-8**, **40-2**, **57**, **60**, **93**, **96-7**, **115**, **149**; à provençal, **47**; extratos ou concentrados, **18**, **116**, **125**, **150**; molho de, **20**, **29**, **39-40**, **42**, **136**; pelado enlatado, **20**; salada de, **115**; sweet grape, **52**, **58**
tomilho, **14**, **29-31**, **39-40**, **44-7**, **50**, **69**, **71**, **101**, **120**, **125**, **136**, **141**, **153**; congelamento, **49**; seco, **125**
tomilho-limão, **46**, **68**
toucinho, **18**
trigo para quibe, **25**, **57**
trufas, **103**
tucupi, **39**

U

ultraprocessados, **13-7**, **20-1**, **23**, **80**, **138**, **153**; dependência dos, **16**; relação com o aumento da obesidade, **21**
umburana-do-ceará *ver* amburana
umeboshi, **44**
urucum, **82**; características, **98**
uva-passa, **56**, **115**

V

vinagre: balsâmico, **41**, **52**; de maçã, **73**; de vinho branco, **56**, **126**; de vinho tinto, **112**
vinha d'alhos, **40**
vinho branco, **74**

Y

yakitori, **35**

Z

zátar, **14**, **46**, **82**, **101**
zéster (ralador de cítricos), **136**, **142**

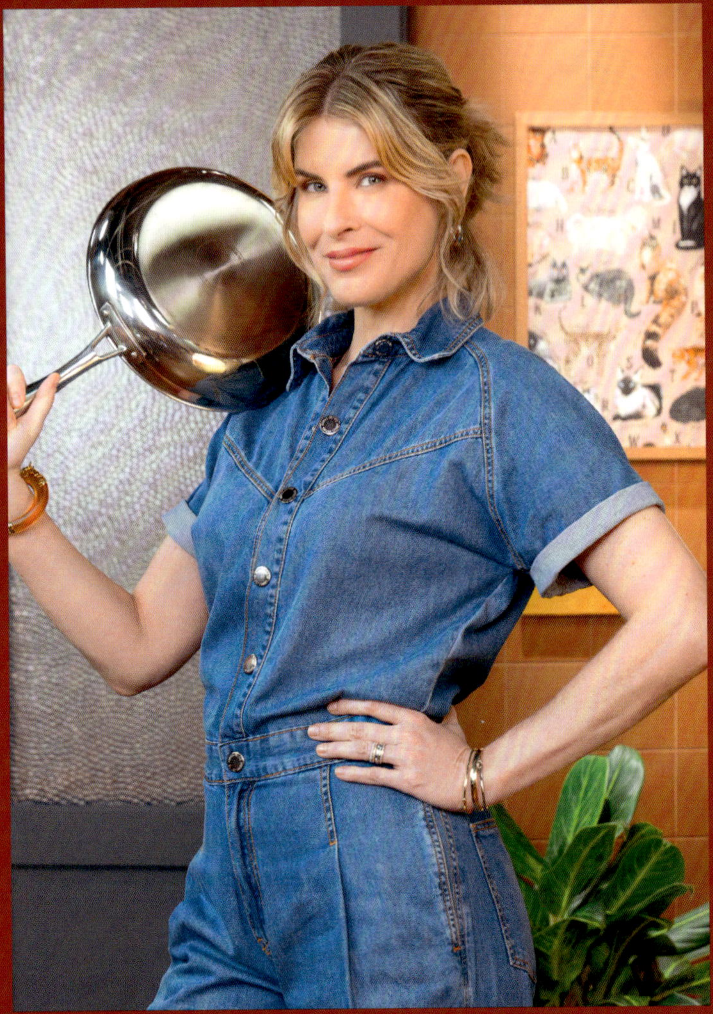

Sobre a autora

Para Rita Lobo, cozinhar é como ler e escrever: todo mundo deveria saber. E como ela se esforça para que todo mundo aprenda! No ano 2000, fundou o Panelinha, que é site, editora, produtora de televisão e canal no YouTube. Em todos os seus projetos, Rita se destaca como defensora da alimentação saudável e da comida de verdade. Autora best-seller, Rita já publicou 13 livros, entre eles *Cozinha de estar, Pitadas da Rita, O que tem na geladeira?* e *Cozinha Prática*. Da coleção Já pra Cozinha, publicou também *Comida de bebê, Cozinha a quatro mãos* e *Só para um*. A primeira versão do livro *Panelinha: receitas que funcionam*, lançada em 2010, foi a única obra brasileira indicada pelo *Guia alimentar para a população brasileira*, documento oficial do Ministério da Saúde. Em 2023, ela lançou a nova versão, que considera o seu "livro definitivo". Rita também já produziu mais de 400 episódios do programa Cozinha Prática, transmitido no canal a cabo GNT. Em parceria com o Senac, lançou a Escola Panelinha, plataforma de ensino a distância. Ela ainda criou o Acervo Panelinha, marca de produtos para mesa e cozinha presente nas principais redes de artigos para casa do Brasil. Durante a pandemia de covid-19, teve um papel fundamental na vida de muitos brasileiros com o projeto Rita, help!, que incluiu lives diárias nas redes sociais do Panelinha, sempre na hora do almoço, ensinando a cozinhar e melhorar a alimentação. Rita, help! também virou livro e programa de televisão, exibido pelo canal GNT. Em 2018, Rita Lobo recebeu a medalha de honra ao mérito da Organização das Nações Unidas para a Alimentação e a Agricultura (FAO/ONU), por seu trabalho em defesa da alimentação saudável. Em 2022, integrou a lista dos 500 latino-americanos mais influentes do mundo selecionados pela Bloomberg Línea. Em 2023, criou e apresentou o programa Prato Feito Brasil, na TV Globo. No mesmo ano, Rita foi nomeada Apoiadora Oficial no Brasil do Programa Mundial de Alimentos da ONU (WFP/ONU).

Conheça os livros da Editora Panelinha

Eu adoro escrever livros (dá para perceber, né?). É um trabalho longo, profundo, que deixa minha imaginação voar por meses pensando nas páginas. Este aqui já é o décimo terceiro (três deles, eu tirei de catálogo). Quer conhecer os outros?

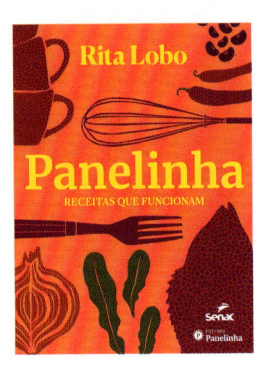

Panelinha
É o meu livro definitivo. E não só porque levei mais de 20 anos para escrever: ele concentra tudo que aprendi sobre alimentação durante essas mais de duas décadas de carreira. São 550 receitas, todas fotografadas, pensadas para resolver a alimentação de casa de forma saudável, saborosa, prática e acessível.

Rita, help!
Em 2020, em função da pandemia de covid-19, entramos em casa e só saímos muito tempo depois. Nesse período, ensinei milhares de pessoas a cozinhar no site, nas redes sociais e numa série de TV que produzi em casa – e também com este livrinho, perfeito para quem quer aprender a preparar o básico, mas não sabe por onde começar.

Só para um
Um guia para melhorar a alimentação de quem mora sozinho. Para comer bem sem cozinhar do zero a cada refeição, evitar o desperdício de alimentos e contar com os congelados para vencer a falta de tempo.

Cozinha a quatro mãos
Se o casal vai junto para a cozinha, as refeições ficam prontas em menos tempo, sem sobrecarregar ninguém. Todos os 476 cardápios vêm com plano de ataque, que divide as tarefas entre a pessoa 1 e a pessoa 2.

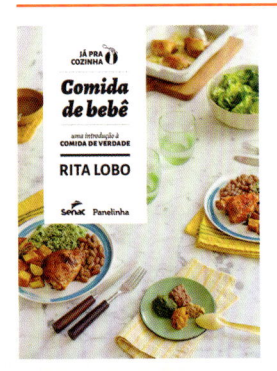

Comida de bebê
O livro do pê-efinho. É o bebê que mostra para os pais como manter uma alimentação saudável.

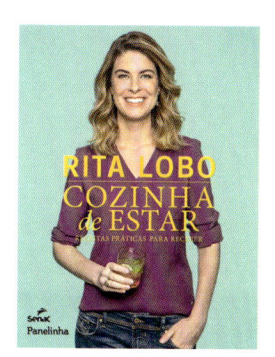

Cozinha de estar

Meu primeiro livro é um guia com receitas para receber em casa, de um jeito eficiente e bem informal. Tem até checklist de jantar romântico.

O que tem na geladeira?

O segredo para deixar a alimentação mais saudável não é excluir alimentos ou nutrientes, mas incluir mais hortaliças. Neste livro, eu ensino a minha fórmula para criar receitas. São 30 capítulos, com mais de 200 receitas.

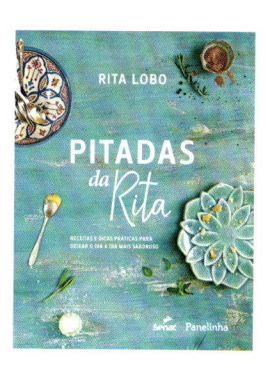

Pitadas da Rita

Receitas e dicas práticas (e muito charmosas) para deixar o dia a dia mais saboroso. Quem gosta de comer e cozinhar com estilo vai amar este livro, que tem até trilha sonora.

Cozinha Prática

Ainda no começo do programa que criei e que produzo e apresento no GNT, lancei este livro, inspirado na temporada de básicos. É um curso de culinária em 60 receitas, com técnicas culinárias, truques de economia doméstica e explicações sobre os utensílios de cozinha.

Aprenda a cozinhar com a Rita Lobo

Conheça os cursos da Escola Panelinha e aprenda soluções para melhorar a alimentação em casa. Tudo isso com a didática da Rita Lobo, a produção caprichada do Panelinha e a incrível estrutura educacional do Senac.

Só para um

Estratégias para evitar o desperdício, poupar tempo e dinheiro na cozinha e mais de 200 sugestões de receita para ampliar o repertório culinário.

Aprenda a temperar com ervas e especiarias

Rita Lobo ensina de maneira simples e descomplicada a temperar a comida do dia a dia usando ervas, especiarias e legumes aromáticos.

Pê-efe saudável

Conheça a fórmula descomplicada da Rita Lobo para deixar a alimentação mais saudável, prática e saborosa.

P

EDITORA Panelinha

ESCOLA Panelinha

CANAL Panelinha

ACERVO Panelinha

LOJA Panelinha

ESTÚDIO Panelinha

www.panelinha.com.br
INSTAGRAM @ritalobo e @panelinha_ritalobo
FACEBOOK Rita Lobo e Panelinha
YOUTUBE Panelinha
TIKTOK @ritalobo
WHATSAPP Canal Panelinha